August Sturm

Die Lehre vom Vergleiche

August Sturm

Die Lehre vom Vergleiche

ISBN/EAN: 9783743683426

Hergestellt in Europa, USA, Kanada, Australien, Japan

Cover: Foto ©Suzi / pixelio.de

Weitere Bücher finden Sie auf **www.hansebooks.com**

Die Lehre vom Vergleiche

nach

Gemeinem und Preußischem Rechte

unter Berücksichtigung

des

Entwurfs eines bürgerlichen Gesetzbuchs für das Deutsche Reich.

———

Eine Monographie

von

Dr. jur. August Sturm,

Rechtsanwalt in Naumburg a/Saale.

Berlin 1889.

R. v. Decker's Verlag

G. Schenck,

Königlicher Hofbuchhändler.

Herrn

Appellationsgerichts-Vicepräsidenten a. D.

Dr. Ludwig von Rönne

in

verwandtschaftlicher Verehrung

gewidmet.

Vorwort.

～～～

Nach einer Abschweifung in diejenigen Gebiete der Rechtsphilosophie, mit denen ich mich auseinandersetzen zu müssen glaubte, und in „Recht und Rechtsquellen" mich auseinandergesetzt habe, kehre ich zur Behandlung des materiellen Rechts mit dieser Schrift zurück, und damit zu der Bahn, die ich mit dem „negotium utiliter gestum" und der „Lehre von den Testamentsexecutoren" betreten habe. Ich mußte aber dieses Mal in der Methode der Behandlung eine Abweichung eintreten lassen. Wo bei einer Rechtsmaterie eine große noch in der Gegenwart wirkende Literatur vorliegt, verlangt die historische Methode, daß wir bei der Behandlung zunächst die geschichtliche Entwickelung in der Literatur prüfen. Wo eine solche Literatur fehlt, müssen wir zumeist aus den Quellen und aus der Gerichtspraxis schöpfen. Das Letztere aber ist bei der Lehre vom Vergleiche der Fall. Medem sagt in seiner Abhandlung bei Gruchot (vierzehnter Jahrgang, Seite 658): „Es ist eine einigermaßen auffällige Erscheinung, daß der Vergleich, dessen so sehr häufiges Vorkommen Niemandem, der mit dem praktischen Leben vertraut ist, und besonders keinem Juristen unbekannt ist, und für dessen Wichtigkeit die in den Gesetzgebungen ihm von jeher zugewendete Pflege Zeugniß ablegt, bisher verhältnißmäßig so wenig Monographieen hervorgerufen hat, indem den von Glück aufgeführten Schriftstellern des 18. Jahrhunderts in dem gegenwärtigen nur noch Rise hinzutritt, für das Preußische Recht aber auch nicht eine einzige Monographie namhaft zu machen ist." Das Wort Medems gilt seltsamer Weise noch heute nach siebzehn Jahren, nur mit Medems kurzer Abhandlung selbst hat diese Literatur eine Bereicherung erfahren. Die Erklärungsversuche Medems für die Vernachlässigung unserer Lehre halte ich für verfehlt (Seite 659 f.). Es

ift nicht richtig, daß die theoretische Jurisprudenz sich damit haupt=
sächlich beschäftige, was die Gerichtspraxis schon vorher als wichtig,
als interessant bezeichnet hat. Es ist aber auch weiter gewiß ganz
unrichtig, daß der Vergleich trotz seines häufigen Vorkommens im
gewöhnlichen Leben nur selten seinen Weg bis zum Tribunale des
Richters nimmt.¹) Wäre das wahr, so würde die neue Civilprozeß=
ordnung sich gewiß nicht veranlaßt gesehen haben, gerichtlichen Ver=
gleichen Executionskraft beizulegen. Die Gründe jener Vernachlässi=
gung sind, m. E., zufällige. Dieselbe gebietet uns die größte Vorsicht
und die strengste Prüfung neuer Gedanken, wenn wir das Ziel er=
reichen wollen: eine wirkliche Bereicherung dem so wenig bebauten
Boden zu geben.

---

¹) Es ist hier auf die zahlreichen Erkenntnisse des Reichsgerichts hinzuweisen.
Ich habe dieselben nach Möglichkeit berücksichtigt. Bei der mangelhaften Literatur,
welche über diese Lehre vorliegt, haben sie anderwärts meines Wissens noch keine
Kritik erfahren.

Inhaltsangabe.

A. Der Vergleich nach Römischem Rechte.

I. Der Vergleich im Allgemeinen.

§ 1.

Einleitung.

Die neuere juristische Literatur hat die Lehre vom Vergleiche nicht wesentlich bereichert, obwohl m. E. eine Revision gerade dieser Normen geboten erscheint, weil in neuerer Zeit auf diesem Gebiete große Widersprüche in der Theorie sich geltend machen, welche auf die Praxis, die Klarheit und Gewißheit verlangt, hier von ungünstigem Einfluß sein müssen, denn das Rechtsgeschäft des Vergleichs greift tief ins tägliche Leben ein. Die nachfolgende Abhandlung will versuchen, Neues zur Lösung alter Controversen beizutragen. —

Dernburg sagt im zweiten Bande seiner Pandekten: „Heutzutage ist der formlose Vergleich im Stande, rechtskräftige Erkenntnisse zu beseitigen."[1]) Dagegen heißt es bei Windscheid: „der Vergleich ist anfechtbar, wenn bereits ein rechtskräftiges Urtheil über die Sache vorliegt."[2]) Der Widerspruch dieser Rechtslehrer trifft gerade den Kern der ganzen Lehre, die Frage nach dem Zweck und der Voraussetzung unseres Instituts; er zwingt uns, bei der Gewichtigkeit der entgegenstehenden Ansichten, unsere eigene Meinung auf das sorgfältigste zu begründen und die Lösung bescheiden als einen Versuch zu bezeichnen. Denn erst die Anerkennung der Andern schafft dem Neuen im Rechte praktische Geltung.

§ 2.

Der Vergleich als Zweckgeschäft.

Mit Recht sagt Risch in seiner „Lehre vom Vergleiche", daß wir bei den römischen Juristen eine Definition des Vergleiches ganz vermissen.[3]) Es fehlte das Bedürfniß für dieselbe. Wir sind daher

---

[1]) loc. cit. S. 285.
[2]) Band 2, S. 567; 6. Aufl. S. 600. Ich citire bei Windscheid die 5. und die während dieser Arbeit erschienene 6. Auflage.
[3]) loc. cit. S. 5.

genöthigt, die Formel aus den Quellen heraus zu konstruiren, da bei uns das Bedürfniß nach dieser Definition entschieden vorliegt, weil wir das Institut recipirt und nicht selbst geschaffen haben, das Fremde aber zu seinem Verständniß und seiner Abgrenzung der Beschreibung bedarf, deren wir bei selbstgeschaffenen und mit uns verwachsenen Instituten eher entbehren können.

Die wichtigste Quellenstelle ist in dieser Hinsicht die mit Recht vorangestellte l. 1 D. h. t.:

qui transigit, quasi de re dubia et lite incerta neque finita transigit.

Der Vergleich hat den Zweck, ungewisse Rechtsverhältnisse in gewisse zu verwandeln. Die Ungewißheit wird aber noch dahin beklarirt, daß sie in einer Bestrittenheit der Rechtsverhältnisse bestehen muß. Dieser Gesichtspunkt wird von der wichtigen Eingangsstelle nicht umsonst mit Energie betont, er charakterisirt das Institut und giebt ihm seine Stellung im System. Die Stelle wird von mehrfachen anderen kräftig unterstützt; zunächst durch l. 11 D. h. t.:

post rem iudicatam, etiam si provocatio non est interposita, tamen si negetur iudicatum esse, vel ignorari potest, an iudicatum sit, quia adhuc lis subesse possit, transactio fieri potest.

Der Vergleich ist in diesem Falle möglich, weil noch Streit entstehen kann; allein in der Bestrittenheit des Anspruchs liegt der Grund seiner Zulassung. Sein Zweck, sein legislatorischer Gedanke, ist eben der, daß er dazu dienen soll, Prozesse zu beenden oder Prozessen vorzubeugen, wie dies in der l. 10 C. h. t. scharf hervorgehoben wird:

Nullus etenim erit litium finis, si a transactionibus bona fide interpositis coeperit facile discedi.

Auch die l. 12 C. h. t. stellt dem Unzweifelhaften, worüber kein Vergleich möglich ist, nur die „dubia lis" entgegen; ebenso ist auf l. 17 C. h. t. hinzuweisen. Die l. 39 eod. setzt den Fall voraus, daß Jemand, der einen Vergleich geschlossen hat, ihn sogleich bereut, und schreibt vor, daß der Vergleich nicht wieder aufgehoben und der Rechtsstreit erneuert werden könne; sie betrachtet es als ganz selbstverständlich, daß es sich um einen bestrittenen Anspruch handelte.

Der Streit braucht noch kein gerichtsanhängiger zu sein, es genügt timor litis, um einen Vergleich zuzulassen; cf. l. 2 C. h. t.:

quum te proponas cum sorore tua de hereditate transegisse, et ideo certam pecuniam ei te debere cavisse, et si nulla fuisset quaestio hereditatis, tamen propter timorem litis transactione interposita, pecunia recte cauta intelligitur.

Hier liegt der Zweckgedanke nicht darin, einen Streit zu be=
endigen, sondern einem Streite vorzubeugen.

Auf das von den erwähnten Zweckgedanken getragene legis=
latorische Motiv unseres Instituts weisen aber auch alle die Normen hin,
aus denen man ganz zu Unrecht die „Urtheilsnatur des Vergleiches"
konstruiren will: l. 16. Cod. h. t.:

causas vel litis transactionibus legitimis finitas imperiali
rescripto resuscitari non oportet;

ferner l. 20 eod.:

non minorem auctoritatem transactionum, quam rerum iudi-
catarum esse, recta ratione placuit; u. a. m.

Der Vergleich hat, wie später gezeigt werden soll, nicht nur keine
Urtheilsnatur, sondern steht dem Wesen des Urtheils geradezu
entgegen. Aber er theilt mit dem Urtheil den Zweck, den Streit
zu beenden. Wenn er nun in den Stellen lediglich aus diesem
Grunde neben das Urtheil gestellt wird, so muß er, wie das Urtheil,
stets einen bestrittenen Anspruch zur Voraussetzung haben.

Das Ueberwiegen des Zweckgedankens bei unserem Institute be=
rechtigt uns, dasselbe ein „Zweckgeschäft" zu nennen. Wie die Schenkung,
hat es zunächst nicht einen bestimmt gearteten Parteiwillen im Auge,
wie dies z. B. beim Kaufe der Fall ist, sondern den Zweck, einen
Streit durch Vertrag zu beenden. Wie dies geschieht, ist dann erst
Sache des einzelnen Falles, der keinen allgemeinen Regeln folgt;
daraus ergiebt sich die Allgemeinheit seiner Natur.

§ 3.
Der unechte Vergleich.

Windscheid nennt den Fall, wo die Ungewißheit ihren Grund in
der Bestrittenheit des Anspruchs hat, den „Hauptfall"; er meint, sie
könne aber auch darin ihren Grund haben, daß die künftige Existenz,
oder der Umfang, oder die Realisirbarkeit des Anspruchs ungewiß sei.
Betrachten wir zunächst die einschlagenden Stellen.

In l. 11 Cod. h. t. heißt es:

De fideicommisso, a patre inter te et fratrem tuum vicissim
dato, si alter vestrum sine liberis excesserit vita, interposita
transactio rata est.

Von zwei Miterben soll derjenige dem andern ein Vermächtniß
auszahlen, welcher ohne Kinder sterben wird; welcher dies ist, ist un=
gewiß; von einem Streit ist keine Rede, und doch wird das Wort
transactio gebraucht.

L. 8 D. h. t. sagt, daß die, welchen Alimente vermacht worden, sich oft zu vergleichen pflegten, indem sie statt der größeren Summe, welche später oder nach und nach zu zahlen war, lieber mit einer mäßigen Summe zufrieden waren, die gleich jetzt zu zahlen war. Hier war der Umfang nicht bestritten, aber ungewiß.

Buhl ist in seinen Beiträgen zum Anerkennungsvertrage davon ausgegangen, daß nur bei einem bestrittenen Anspruche vom Vergleiche die Rede sein könne; die oben genannten Fälle stellt derselbe unter die Kategorie der Auseinandersetzung, zu welcher er noch die einseitige Anerkennung oder Aberkennung eines Anspruchs zum Zweck der Feststellung und die vertragsmäßige Aufhebung einer Gemeinschaft zählt. Windscheid kritisirt die Ansicht in folgender Weise: „Es ist zuzugeben, daß die Quellen die Ausdrücke transigere und transactio in diesem weiteren Sinne gebrauchen. Allein ich zweifele, ob durch Zusammenstellung der vertragsmäßigen Theilung mit dem Vergleich und der Anerkennung irgend eine sachliche Frucht zu gewinnen ist. Von der anderen Seite theilt mit dem Vergleich und der Anerkennung dieselbe Natur der Schiedsrichter- und der Schiedseidvertrag, welche Buhl zur Auseinandersetzung nicht zählt, und es giebt Rechtssätze, welche für alle diese Geschäfte in gleicher Weise gelten.')

Wenn nun auch Buhls viel zu weite Kategorie der Auseinandersetzung nicht haltbar ist, so hat er m. E. darin Recht, daß er den Vergleich über nicht bestrittene Ansprüche von dem echten Vergleiche trennt. Es wird nämlich meines Erachtens ganz übersehen, daß in allen den Fällen, wo kein Bestreiten und keine Furcht vor dem Streite vorliegt, darum von keinem gegenseitigen Nachgeben (daß dieses für den Vergleich wesentlich, soll später gezeigt werden) die Rede sein kann, weil keine der Parteien ein erstreitbares und insofern gewisses Endresultat im Sinne hat. Buhl fragt bei dem Alimentenvergleiche ganz mit Recht: „Wo ist in diesen Fällen das gegenseitige Nachgeben? Welch ein Zugeständniß macht der Berechtigte, der statt eines ungewissen Anspruchs einen minder ungewissen von gleicher Höhe eintauscht? Denn daß keine gesonderte Entschädigung, kein Entgeld gewährt wird, geht aus dem ganzen Zusammenhange deutlich hervor.“') Wir machen hier die interessante Entdeckung, daß mit dem Wegfalle des Zwecks das Wesen des Instituts sich so ändert, daß es seinen Namen nicht mehr verdient. Dies erhellt bei diesem Zweckgeschäft aus der Natur der Sache; der Zweck ist, sich über einen Streit zu ver-

---

') loc. cit. § 413, Anm. 6 ª, S. 562; 6. Aufl. S. 595.
') Buhl, loc. cit. S. 87.

gleichen, d. h. von dem Resultate, das man erstreiten möchte, etwas nachzugeben, und zwar gegenseitig. Schwebt beiden Parteien ein solches Resultat nicht vor, so können sie nichts nachgeben und mithin sich nicht vergleichen. Auch im Falle der l. 11 C. h. t. ist kein gegenseitiges Nachgeben möglich.

Ich schlage vor, diese Fälle unter den Begriff des „unechten Vergleichs" zu stellen. Sie haben mit dem echten Vergleiche nichts gemein und könnten mit einem anderen Namen bezeichnet werden, wenn einer da wäre.

Nißch stellt den unechten Vergleich dem echten gleich, unterscheidet nicht einmal, wie Windscheid, den „Hauptfall" von den Nebenfällen.[1] Allein er gelangt an einer andern Stelle[2] zu großen Bedenken über die Gleichstellung; er sagt nämlich dort: „Es ist mit Grund zu bezweifeln, ob unserm deutschen Rechtsbewußtsein die Ausdehnung des Vergleichs über das Gebiet streitiger Verhältnisse (reelle und potentielle lis) hinaus zusage, so daß z. B. die Ablösung einer Leibrente oder eines unständigen Gefälls auch dann als „Vergleich" zu betrachten sei, wenn die Parteien dabei keineswegs die Absicht hatten, künftigen Prozessen vorzubeugen. Jedenfalls halten wir daran fest, daß die eigentliche Sphäre der transactio sowohl im römischen, wie noch mehr im heutigen Recht streitige Verhältnisse seien, und daß die ganze Entwicklung des Instituts lediglich an diese sich anlehnt." —

Man muß aber den unechten Vergleich energischer vom echten trennen! Es handelt sich nicht um eine „eigentliche Sphäre" der transactio, neben der eine weitere denkbar wäre; der uneigentliche Vergleich bewegt sich in einer ganz anderen Sphäre. Es liegt auch keine „Ausdehnung" des Vergleichs vor; die Sache darf nicht etwa so aufgefaßt werden, als ob die Fälle der potentiellen lis, von timor litis, eine erste Ausdehnung des Begriffs enthielten, denen eine zweite folgen könne. Die Fälle von timor litis gehören zu den echten Vergleichsfällen, denn hier denkt sich jede Partei ihr eigenes Resultat, das nur rechtlich ungewiß ist, von dem aber, eben weil es vorhanden und auch für Dritte (etwa für den Richter) erkennbar ist, jede Partei etwas nachlassen kann zum Zwecke der Streitverhütung. In den Fällen der l. 8 D. und l. 11 Cod. h. t. läßt die Ungewißheit über die künftige Existenz von dem Umfang nicht zu, daß die Parteien jede ein anderes Resultat annimmt, das kein bloßer Wunsch bleibt,

---

[1] loc. cit. S. 7.
[2] loc. cit. S. 31, Anm. 13.

weil es eingeklagt werden kann, und darum kann keines von Beiden
etwas nachlassen. Die ganz unbestimmte Wahrscheinlichkeit, auf
die sie etwa zählt, ist von dem Resultat, welches nur rechtlich zweifel=
haft ist, grundverschieden; über diese nur in der Phantasie bestehende
Wahrscheinlichkeit kann man nicht streiten, und kein Richter kann
sie „entscheiden".

Es ist darum anzunehmen, daß die Römer die l. 8 D. und
l. 11 Cod. h. t. aus rein äußerlichen Gründen hier eingereiht
haben, ohne daß sie mit den Stellen, welche den echten Vergleich be=
handeln, tiefere Verbindung haben sollten. Der äußerliche Grund
der Zusammenstellung dieser Normen liegt m. E. für die beiden Stellen
darin, daß beim „Alimentenvergleich" wie beim „Erbvergleich" über noch
suspensiv bedingte fideikommissarische Ansprüche öffentlich=rechtliche
Bedenken gelöst werden mußten, andernfalls wären diese Fälle des
Vertragswillens garnicht erwähnt worden.

§ 4.
Die Verwirklichung des Vergleichszwecks.

Der Zweck, den Streit zu beenden, wird durch den Vergleich in
eigenartiger Weise verwirklicht. Der Vertragswille schließt den Ver=
gleichsvertrag in der Weise, daß beide Theile von ihren ursprünglichen
Rechtsbehauptungen nachlassen, bis die beiderseitigen Behauptungen
sich einigen; cf. l. 38 Cod. h. t.:

transactio, nullo dato vel retento seu promisso, minime
procedit.

Es ist nicht nothwendig, daß gerade in Bezug auf den Streit=
gegenstand gegenseitig nachgegeben wird, es kann auf jede andere
Weise etwas gegeben werden. Windscheid[*]) meint, obige Stelle habe
in ihrem ursprünglichen Zusammenhange einen anderen Sinn gehabt
und verweist auf die Schlußworte der l. 3 C. 6, 31. Allein eben
darin, daß diese Worte in der l. 38 C. h. t. allein hingestellt werden,
liegt, daß sie an dieser Stelle einen allgemeinen Werth haben sollten.

Der Satz läßt sich aber auch aus den Quellen e contrario be=
weisen. In der überaus wichtigen l. 1 D. h. t. heißt es:

qui transigit, quasi de re dubia et lite incerta neque finita
transigit; qui vero paciscitur, donationis causa rem certam et
indubitatam liberalitate remittit.

---

[*]) loc. cit. II. § 413, Anm. 10; 6. Aufl. S. 596.

— 7 —

Damit ist klar ausgesprochen, daß kein Vergleich, sondern eine Schenkung dann vorhanden ist, wenn nicht von beiden Seiten etwas nachgelassen wird; mithin gehört das gegenseitige Nachgeben zum Vergleichsbegriff.

Demnach erhalten wir folgende Definition: der Vergleich ist ein Vertrag, welcher bezweckt, die zwischen zwei Parteien in Betreff eines Anspruchs bestehende Rechtsungewißheit dadurch zu beseitigen, daß beide Parteien gegenseitig sich Zugeständnisse machen.

Windscheid läßt von seinem Standpunkte aus an Stelle der Rechtsungewißheit die Ungewißheit treten. Allein daß man dann, wenn man den unechten Vergleich, d. h. den Fall des Vertrags über eine nur thatsächliche Ungewißheit, in die Definition einschließt, zu höchst unsichern Resultaten gelangt, hat schon Risch gefühlt. Er meint freilich zunächst:

„Es gilt dieses Requisit der Gegenseitigkeit keineswegs etwa bloß von dem Vergleich über streitige Rechtsansprüche, sondern analog auch vom Vergleich über sonstige res dubiae; denn würde der bedingt Verpflichtete die ganze Forderung des Berechtigten als unbedingte anerkennen und zahlen ohne irgend eine Vergeltung von Seiten des letzteren, so könnte man von keinem Vergleiche sprechen, ebensowenig als in dem Fall, wenn der Alimentenberechtigte schlechthin und ohne Gegenleistung des Verpflichteten auf die fernere Geltendmachung des Alimentenanspruchs verzichtete." Allein er fährt fort: „Nur so viel muß man zugeben, daß in diesen letzten Fällen nicht eben in der Weise, wie beim Vergleich über streitige Ansprüche, von einem gegenseitigen Nachgeben in den ursprünglichen Prätensionen gesprochen werden könne, da man dort überhaupt keine solche, von Anfang an einander entgegengesetzte Behauptungen erblickt, wie wohl in dem letzten Fall, wo der Eine vor der Vereinigung im Vergleiche ein Maximum als Petitum gesetzt, der Andere einen völligen oder partiellen Widerspruch entgegengesetzt hatte."[*)]

Meiner Ansicht nach geht Risch nicht weit genug in der Abtrennung des unechten Vergleichs. Wenn bei jener thatsächlichen Ungewißheit der bedingt Verpflichtete die Forderung als unbedingte anerkennt, so liegt allerdings auch hier Schenkung vor. Es ist aber nicht gesagt, daß in den anderen Fällen dann ein echter Vergleich vorhanden sei. Weder für die bedingt Berechtigten, noch gegen die bedingt Verpflichteten besteht eine actio nata, mithin kann man überhaupt nicht von „Prätensionen" reden, es kann nichts nachge-

---

*) loc. cit. S. 9, Anm. 13.

laſſen werden. Der Vertrag qualifizirt ſich als eine rein willkürliche
Normirung ungewiſſer Thatſachen, und es iſt gar nicht nothwendig,
daß die Parteien ein Maximum als petitum ſetzen; damit verſchwindet
das Requiſit des gegenſeitigen Nachgebens, und es bleibt blos das
ſelbſtverſtändliche Requiſit übrig, daß ein ſolcher Vertrag keine
Schenkung ſein darf, wenn er nicht eine ſolche genannt
ſein will.

Es zeigt ſich ſchon hier, daß die Sätze vom echten Vergleich für
den unechten nicht paſſen. Das iſt ja auch nur zu natürlich! Wer
ſich um ein Recht ſtreitet, hat einen ſicheren Erfolg im Auge, von
dem er etwas nachlaſſen kann; wer ungewiſſe Thatſachen aus der
Welt ſchaffen will, kann nicht nachgeben, denn es iſt ja nichts ge=
geben; der Wunſch, die Phantaſie, die Wahrſcheinlichkeit, läßt keinen
eigentlichen Verzicht zu. Von einer ſolchen Wahrſcheinlichkeit wird
in den §§ 10 und 11 der l 8 D. h. t. geſprochen; ein junger Menſch
wird länger Alimente beziehen als ein Greis 2c.; aber die Quantität,
welche ſchließlich an die Stelle der beiden gewünſchten Quantitäten
tritt, iſt nicht entſtanden durch Nachgeben von zweifelhaftem Recht
bei unbeſtrittenen Thatſachen, ſondern entſtanden durch Nachgeben von
unſicheren Berechnungen und Wünſchen, die rechtlich völlig unerheblich
ſind. Im echten Vergleich herrſcht der Wille, im unechten
der Wunſch; Willen können ſich vergleichen; Wünſche können ſich
nicht vergleichen; einigen ſich die Wünſche und verwandeln ſie das
Reſultat der Einigung in ein Gewolltes, ſo mag man irrthümlicher
Weiſe von einem „Vergleiche“ ſprechen, man darf aber nicht vergeſſen,
daß der Wunſch nichts nachzugeben hatte.

§ 5.
Die Stellung des Vergleichs im Rechtsſyſtem.

Der Vergleich iſt ein Zweckgeſchäft, ſein Zweck iſt, den Streit
zu beenden. Er kann dabei eine Obligation aufheben, aber dies iſt
zur Zweckerreichung durchaus nicht immer nothwendig. Darum iſt
es falſch, den Vergleich in die Lehre von den Aufhebungsgründen
der Obligationen zu ſtellen.

Der Umſtand, daß der Vergleichszweck durch einen Vertrag er=
reicht wird, ſtellt den Vergleich unter die Lehre von den Verträgen.
Da er aber nicht nur obligatoriſche Verträge vorausſetzt, ſo iſt die
Stellung im ſpeziellen Theile des Obligationenrechts immerhin an=
fechtbar; allein weil der Zweckgedanke hier überwiegt, darf man
ſich m. E. bei der Einreihung in das Syſtem auch vom Zwecke des

Vergleichs bestimmen lassen und darf ihn mit Windscheid in den speziellen Theil des Obligationenrechts unter die Verträge zum Zwecke rechtlicher Feststellung setzen.

Ganz unrichtig wäre es, über den Zweck die Art der Verwirklichung zu vergessen, und den Vergleich in den allgemeinen Theil zu stellen, denn die Vervielfachung des Inhalts ändert nichts an der Form, welche eben keine allgemeine ist. Am unrichtigsten erscheint es mir, den Vergleich in den allgemeinen Theil neben das Urtheil zu stellen! Außer dem rein äußerlichen Beenden des Streites hat das Urtheil mit dem Vergleiche nichts gemein, sondern steht ihm schroff gegenüber. Risch meint: „der Vergleich ist ein Urtheil in Gestalt entgeltlichen Vertrags.“ Ich sage, der Vergleich ist gerade die dem Urtheil entgegenstehende Streitbeendigungsart! In formeller Hinsicht ist das Urtheil ein Akt, der gar nicht in das materielle, sondern in das öffentliche Recht gehört. Das materielle Recht interessirt allein die Syndikatsklage, nicht aber der Vorgang des Richterspruchs selbst. Dagegen gehört bei dem Vergleiche der Vertragsschluß in das materielle Recht. In materieller Hinsicht erkennt das Urtheil das streitige Recht, dagegen ignorirt der Vergleich das Recht und setzt das willkürliche Vergleichsergebniß an dessen Stelle. Dieses Vergleichsresultat ist aber durchaus kein „gewolltes Recht“[10]), sondern eine das Recht ignorirende Streitbeendigung. Nur das Urtheil hat es mit dem Rechte zu thun, der Vergleich nicht, er darf sich sogar nicht mit dem Rechte decken, denn er ist ein gegenseitiger Rechtsverzicht. Die Parteien fassen auch die Sache gar nicht so auf, als „wenn die wirklich erkannte Wahrheit“[11]) das Vergleichsresultat wäre, sie verzichten um des Friedens willen auf die rechtliche Wahrheit. Der Vergleich ist eine ethische)Beendigung des Streits, das Urtheil eine rechtliche.

Der Vorschlag, „den Vergleich in einem Rechtstheile zu behandeln, welcher die konkreten Thatsachen, auf denen der Vermögensverkehr ruht, als solche, abgesehen davon, ob sie Obligationen erzeugen oder nicht, darstellt“ (Windscheid, § 413 Anm. 13 loc. cit., 6. Aufl. S. 597; Meyerfeld, die Lehre von den Schenkungen nach römischem Recht S. 89—92), ist m. E. zu verwerfen, denn eine Trennung dieser Thatsachen von der Obligation, die sie erzeugen, würde die Thatsache ihres rechtlichen Lebens berauben, und die Lehre von einer todten Formel übrig lassen. Richtig ist an dem Gedanken

---

[10]) Risch, loc. cit. S. 40, Anm. 10.
[11]) Risch, loc. cit.

nur, daß eine Zusammenstellung des Vergleichs mit der Schenkung möglich ist, weil beide Zweckgeschäfte sind, welche erst durch den jeweiligen Vertragswillen ihre Ausfüllung erhalten. Allein da der Zweck der Schenkung wiederum dem des Vergleichs entgegengesetzt ist, mag ich diese Zusammenstellung, welche u. A. Dernburg wählt, nicht befürworten.

So bleibt die Stelle des Vergleichs am besten das Gebiet der Verträge zum Zweck rechtlicher Feststellung. Daß ihn von der Anerkennung, dem Schiedsvertrage, dem Schiedseidvertrage die Normen schärfer trennen, als dies bei anderen verwandten Instituten der Fall ist, liegt im Wesen des Zweckgeschäfts; auch bei der Schenkung suchen wir eine Verwandtschaft vergeblich. Beim Eid und beim Kompromiß beendet den Streit nicht das gegenseitige Nachgeben, sondern die einseitige Handlung des Juranten oder des arbiter[12]); das Anerkenntniß aber ist „lukrativer Natur."[13]) Immerhin aber ist der Zweck, den Streit zu beenden, derselbe, und dies ist für unsere Auffassung entscheidend.

Es bleibt noch übrig, die Angriffe Risch's[14]) gegen unsere Stellung des Vergleichs zu widerlegen. Er meint, das πρῶτον ψεῦδος dabei sei, daß nicht unterschieden werde zwischen Vergleich (transactio im eigentlichen Sinne) und zwischen pactum de transigendo. „Der Vergleich (i. e. S.) ist der Vertrag, der die streitigen Verhältnisse beseitigt, nicht der Vertrag, durch den sich die Parteien verpflichten, ihren Rechtshandel vermittelst gegenseitigen Nachgebens zu beseitigen." Allein es bleibt für uns auch nach diesem Einwand die Wahrheit bestehen, daß der Vergleich ein Vertrag ist, der den Zweck hat, streitige Verhältnisse zu beseitigen. Der Umstand, daß die obligatorische Bedeutung nicht absolut nothwendig ist, erklärt sich aus dem Wesen des Zweckgeschäfts, für welches es, außer der eben durch den Zweck selbst davon verschiedenen Schenkung, kein verwandtes Institut giebt.

Mit Unrecht nennt Risch unsere Placirung des Vergleiches in der Reihe der Schuldverträge „einen Akt der Verzweiflung", für „den nirgends festzuhaltenden, bald in die Entstehung, bald in die Aufhebung von obligatorischen Verhältnissen, bald in das unmittelbare Sachenrecht hineinspielenden Proteus eine richtige Stellung im System zu entdecken."[15]) Wir haben das Zweckgeschäft dahin gestellt, wohin

---

[12]) loc. cit. S. 42.
[13]) loc. cit. S. 43.
[14]) loc. cit. S. 21.
[15]) loc. cit. S. 23.

es seinem Zwecke nach gehört. Diese Stellung ist, wie oben ge=
zeigt, eine passendere, als die neben der Schenkung, und vor Allem
eine ungleich richtigere, als die neben dem Urtheil, welche Risch wählt.

Interessant ist es, bei dieser Untersuchung zu konstatiren, daß
die Autoren auf die Placirung des unechten Vergleichs dabei keine
Rücksicht nehmen, bei dem doch sicher nicht von streitigen Verhältnissen
und auch nicht von einem gegenseitigen Nachgeben die Rede ist.
Unbewußt sprechen sie dadurch aus, daß er mit dem echten Vergleich
nichts gemein hat.

II. Der Vergleich im Besonderen.

§ 6.

Die Voraussetzung der nicht entschiedenen Sache.

Wenn, wie wir hoffen, im allgemeinen Theile unserer Abhand=
lung das Wesen des Vergleichs genügend beleuchtet ist, so kann es
keine weiteren Voraussetzungen des Vergleichs als die schon erwähnten
geben. Und in der That haben wir keine neuen Voraussetzungen
mehr zu erwähnen, sondern lediglich um einiger Controversen willen
das Gegebene noch näher im Einzelnen auszuführen.

Es ist nach Römischem Rechte eine logische Nothwendigkeit, daß
ein Vergleich nur über eine unentschiedene Sache möglich ist, denn
der Vergleich setzt nach diesem Rechte rechtliche Ungewißheit voraus,
und diese fehlt, wo ein Urtheil bereits die Gewißheit gegeben hat.
Der unechte Vergleich über Ungewisses, aber nicht Streitiges ist im
Römischen Rechte abgetrennt; wäre das nicht der Fall, so müßte aller=
dings eine besondere Norm den Vergleich nach dem Erkenntniß ver=
bieten, denn der unechte Vergleich kennt die Voraussetzung des Un=
streitigen nicht. Windscheid meint dagegen: „Die herrschende Meinung
hält den Satz für eine unmittelbare Consequenz aus dem Begriffe
des Vergleichs, nach welchem zum Vergleich Ungewißheit erforderlich
ist. Aber dabei ist nicht gehörig unterschieden zwischen subjectiver
und objectiver Ungewißheit. Die Ungewißheit, welche nach dem
Begriffe des Vergleichs erforderlich ist, ist subjective, nicht objective
Ungewißheit, und die durch das rechtskräftige Urtheil ausgeschlossene
Ungewißheit ist die objective, nicht die subjective. Das Letztere ist
unbestreitbar, da ja das Urtheil dem sich Vergleichenden unbekannt
sein kann; wer das Erstere leugnet, behauptet mit anderen Worten,
daß jeder Vergleich angefochten werden könne, wenn man hinterher zu
beweisen im Stande sei, daß man im Streite Recht gehabt habe.“

Unbestreitbar ist gewiß, daß die Ungewißheit, welche das Urtheil aus=
schließt, eine objective ist, denn der sich Vergleichende kann das Urtheil
unter Umständen nicht kennen. Allein ebenso unbestreitbar ist, daß
die Ungewißheit, welche nach Römischer Ansicht für die Begriffe des
Vergleichs erforderlich ist, eine objective ist. Denn es ist hier keine
bloße „Ungewißheit", sondern nur eine „rechtliche Ungewißheit" ge=
nügend, wie ich im allgemeinen Theile gezeigt habe. Eine rechtliche
Ungewißheit muß aber stets eine objective sein, denn das
Recht ist rein objectiv. Wer sich über einen Streit vergleicht, der
rechtskräftig entschieden ist, der versucht nach den Ansichten der Römer
etwas logisch Unmögliches; es ist gleichgültig, ob er die Entscheidung
gekannt hat oder nicht. Hat er sie nicht gekannt, so kann er sich doch
nicht auf seinen subjectiven Irrthum berufen, denn er hat den Willen
gehabt, streitige Dinge zu entscheiden, und diesem Willen fehlt jedes
Substrat, wenn die Sache schon entschieden ist. Es bleibt nach
Römischer Meinung ein widersinniger, sich selbst widersprechender
Wille übrig, dem keine Bedeutung zukommt; der Wille wollte nur
unter der Voraussetzung, daß die Sache objectiv streitig sei; ist sie
entschieden, so wollte er nicht. Hat der Wille auf der anderen
Seite die Entscheidung gekannt, so schenkt er Etwas, wenn er von der
günstigen Entscheidung Etwas nachläßt; einen Vergleich schließt er
niemals.

Windscheids Einwand, daß mit unserer Ansicht behauptet werde,
daß jeder Vergleich angefochten werden könne, wenn man hinterher
zu beweisen im Stande sei, daß man im Streite Recht gehabt habe,
ist nicht stichhaltig, denn das Urtheil liegt ja nicht hinter diesem Be=
weis, sondern vor demselben und vor dem Vergleich. Der Streit
war nach Römischer Auffassung nicht mehr möglich von vorn herein,
denn es bestand eine objective Gewißheit, in Hinsicht auf welche es
nach dem Begriffe des Römischen Rechts keine zweite, etwa durch einen
Vergleich gefundene Gewißheit geben kann. Der Vergleich kann nach
gemeinem Recht nicht neben das Urtheil, sondern nur an Stelle
desselben treten.

Sieht man mit Windscheid in der genannten Voraussetzung eine
Ausnahme, so läßt sich dieselbe meines Erachtens nicht rechtfertigen.
Windscheid sucht diese Rechtfertigung wie folgt zu geben: „Der Ver=
gleich wird zum Zweck der Entscheidung des Streits, und daher unter
der Voraussetzung noch nicht erfolgter Entscheidung abgeschlossen." Er
betont also mit Recht den Zweck, und sucht aus ihm zu deduciren.
Meines Erachtens ist dies aber nur dann zulässig, wenn man, wie
wir, die durch den Zweck gebotene rechtliche Ungewißheit in den

Begriff und in die Definition des Vergleichs aufnimmt, und jede andere Ungewißheit ausschließt, d. h. mit anderen Worten, wenn man den unechten Vergleich ausschließt. Es erhellt dabei immer mehr, daß die Normirung des unechten Vergleichs geboten ist und zugleich in ihren Consequenzen von großer praktischer Bedeutung erscheint.

Von irrigen Auffassungen geht m. E. Dernburg aus; er sagt: meist lehrt man „ohne Ungewißheit kein Vergleich", daraus folge „Ungültigkeit des Vergleichs gegen ein unstreitiges Urtheil". — Wir lehren aber: ohne Rechtsunsicherheit kein Vergleich! Und darum treten wir seinem Satze entgegen, daß heutzutage der formlose Vergleich im Stande sei, rechtskräftige Erkenntnisse zu beseitigen; ein solcher Vertrag ist nimmermehr ein Vergleich im Römischen Sinne. Dagegen stimme ich Dernburg darin bei, daß Windscheids „Voraussetzung" sich darum nicht rechtfertigen läßt, weil ja die Parteien, wenn sie von dem früheren Urtheil nichts wissen, gewiß auch nichts voraussetzen können.[16]) Darin dagegen ist Windscheid beizutreten, daß diese Lehre nur aus dem Römischen Recht, nicht aber aus der Natur des Vergleichs folgt, denn es ist nicht abzusehen, warum, abgesehen von den Römischen Normen, nicht die Parteien einen Streit beenden sollten, der schon durch ein unbekanntes Urtheil beendet ist; eben wegen der Unkenntniß ist ein neuer Streit möglich, und der Vergleichszweck vorhanden.

Da sich Dernburg auf römische Stellen beruft und behauptet, daß es sich bei dieser Norm nur um etwas Historisches handle, so ist es am Platze, auch darauf hin die Quellen zu prüfen.

Es läßt sich mit Risch sagen: „Unsere römischen Quellen, die historischen wie die dogmatischen, sprechen in möglichst klaren und präcisen Ausdrücken die Ungültigkeit des Vergleichs nach rechtskräftig entschiedener Sache aus."[17]) Sie lauten: l. 7 pr. § 1 D. h. t.: Et post rem iudicatam transactio valet, si vel appellatio intercesserit, vel appellare potueris. Si fideiussor conventus et condemnatus fuisset, mox reus transegisset cum eo, cui erat fideiussor condemnatus, transactio valeat, quaeritur. Et puto valere, quasi omni causa et adversus reum, et adversus fideiussorem dissoluta. Si tamen ipse fideiussor condemnatus transegit, transactione non perimit rem iudicatam; l. 11 Dig. h. t.: post rem iudicatam, etiam si provocatio non est interposita, tamen si negetur iudi-

---

[16]) Pand. Band 2 S. 285, Anm. 7.
[17]) loc. cit. S. 74.

catum esse, vel ignorari potest, an indicatum sit, quia adhuc lis
subesse possit, transactio fieri potest; l. 23 § 1 D. 12, 6: si post
rem indicatam quis transegerit, et solverit, repetere poterit id-
circo, quia placuit, transactionem nullius esse momenti;
l. 32 C. h. t.: si causa cognita prolata sententia, sicut iure tradi-
tum est, appellationis vel in integrum restitutionis solemnitate
suspensa non est, super iudicato frustra transigi, non est opinionis
incertae; Paul. sent. I., 1. § 5: post rem judicatam pactum, nisi
donationis causa interponatur, servari non oportet; l. 4 Cod.
Gregor. 2, 11: Praeses provinciae aestimabit, utrum de dubia
lite transactio inter te et civitatis tuae ordinem facta sit, an de
re indicata — quia de re judicata pacisci nemo potest.

Aus biefen Quellenstellen ergiebt sich m. E. ganz unzweifelhaft,
daß principiell, nachdem der Streit durch ein Urtheil entschieden
ist, von einem Vergleiche keine Rede mehr sein kann, nullius est
momenti! Es ist nach Römischem Begriffe nicht möglich („nemo
potest") einen solchen Vergleich zu schließen. —

Mitten unter biefen klaren Stellen befindet sich aber eine, welche
feit langer Zeit viel Streit verursacht hat, und welche auch unferer
Ansicht gefährlich zu fein scheint. Es heißt nämlich in l. 32 C. 2, 4:

Proinde. si non Aquiliana stipulatione et acceptilatione sub-
secuta competentem tibi actionem peremisti, praeses provinciae
usitato more legum pridem judicatis effectum adhibere curabit.

Eine gewichtige Autorität, wie Dernburg, folgert baraus noch
heut, daß früher ein formlofer Vergleich der res judicata gegenüber
kraftlos war, daß aber Vergleiche einem Urtheile gegenüber gültig
waren, wenn baffelbe burch Acceptilation nach vorgängiger Novation
befeitigt war.

Allein, felbst wenn biefe Stelle hiftorifch begründet wäre, fo
würde fie nichts weiter sagen, als baß nach der Beseitigung des Urtheils burch Acceptilation bie entschiedene Sache nicht in Wirksamkeit
tritt, wie bies ohne Acceptilation der Fall ist. Davon, baß ein nun
etwa über biefe Sache geschlossener Vertrag ein Vergleich fein könne,
steht in der Stelle kein Wort. Das würde ja auch mit ihrem An-
fange im schroffsten Wiberspruche stehen.

Ohne mit Thibaut die Worte der Stelle zu zwängen, und statt
si : quia ober quando quidem zu lefen, scheint, wenn man nicht meiner
obigen Ansicht folgen will, Vangerows Meinung annehmbar zu fein:
„Einem Transakte — welcher als nuda conventio weder die Wirkung
einer novatio, noch auch Klagbarkeit hatte, und blos ope exceptionis
wirkte — pflegten bei den Römern civilrechtliche Garantieen hinzuzu-

treten, und zwar wurde, um das vergleichsweise aufgegebene Recht ipso jure aufzuheben, gewöhnlich eine stipulatio Aquiliana und hierauf eine Acceptilation abgeschlossen, l. 2. 15 h. t., und um den durch den Vergleich begründeten neuen Anspruch klagbar zu machen, diente eine Stipulation. War nun ein Transakt, weil er post rem judicatam abgeschlossen war, nichtig, oder es hatten die Transigenten dennoch jene civilrechtlichen Geschäfte zugefügt, so war die consequente Folge, daß die stipulatio Aquiliana und die darauf folgende Accepti= lation ganz ihre gewöhnlichen Wirkungen äußerten, ohne daß die Un= giltigkeit des Transakts hieran etwas hätte ändern können, denn da der wichtige Transakt blos das Motiv, aber nicht das Fundament der neuen durch die stipulatio Aquiliana begründeten Obligation war, so wurde allerdings ungeachtet des nichtigen Transakts die actio judi- cati durch Novation, und die dadurch begründete neue Obligation durch Acceptilation aufgehoben. Was aber die Stipulation anlangt, durch welche der Transigent den neuen durch Vergleich begründeten Anspruch klagbar machen wollte, so mußte diese natürlich ebenso nichtig sein, wie die nuda conventio, die das Fundament derselben bildete, l. 1. de novat. (46, 2). Obwohl also einem nach rechtskräftigem Erkenntniß abgeschlossenen Vergleich die oben angedeuteten civil= rechtlichen Geschäfte zugefügt wurden, so wurde dadurch der Ver= gleich keineswegs giltig, sondern es büßte nur der Transigent durch die unvorsichtig angewendete stipulatio Aquiliana und Accepti= lation seine actio judicati ein. Dies und nur dies sagt die l. 32 C. cit., und da demnach aus diesem Gesetze nicht gefolgert werden kann, daß bei den Römern ein Vergleich post rem judicatam giltig geworden sei, wenn die Stipulation hinzugetreten sei, so kann auch die Meinung, daß heutzutage jeder nach einem rechtskräftigen Urtheil abgeschlossene Vergleich ohne Weiteres giltig sei, darin keinerlei Stütze finden." — Die „Verbesserung", welche Risch Vangerow angedeihen lassen will (loc. cit. Seite 80, Anm. 8), vermögen wir nicht als solche aufzufassen.

Risch verkennt die Römische, objective Natur des Vergleichs= themas. Er läßt nämlich einen Vergleich dann zu, wenn es unter den Parteien selbst ungewiß ist, ob eine Entscheidung in rechtskräftiger Gestalt schon vorhanden sei, oder nicht? Er meint: für die Tran= sigenten lag im Momente ihres Vergleichsabschlusses res dubia vor, die sie mit vollem Fug und Recht durch ihren Vertrag in res certa verwandeln durften."[*] Das ist nach Römischer Anschauung falsch

---

[*] loc. cit. S. 88, Anm. 22.

unb verkehrt. Die res war rechtlich certa, unb nur barauf kommt
es an. Die weiter unten zu erörternbe l. 11 D. h. t., welche Risch
für sich citirt, sagt, wie Winbscheib treffenb hervorhebt, nicht: si igno-
ratur, sonbern: si ignorari potest; es muß ein Streit noch objectiv
möglich sein über die Existenz bes Urtheils, bie bloße Unkenntniß bes
Urtheils genügt nicht.") Risch citirt noch l. 23 § 1 D. 12, 6: quid
ergo, si appellatum vel hoc ipsum incertum sit, an judicatum sit,
vel an sententia valeat? Magis est, ut transactio vires habeat.
Es ist mir unbegreiflich, wie er biese Stelle für sich anführen kann
unb noch bazu mit so viel Zuversicht („Ungeachtet bieser klaren Aus=
sprüche unserer Quellen"). Denn es ist hier boch sonnenklar, baß
vorausgesetzt wirb, baß über die Existenz bes Urtheils selbst Streit
möglich ist.

Ich komme noch einmal auf Dernburg zurück; er hat seine An=
sicht im 2. Banbe seines Lehrbuches bes Preußischen Privatrechts
ausgesprochen (S. 176 Anm. 6).²⁰) Die eine Stelle aber, bie er an=
zieht, kann unmöglich beweisen, baß ein unbestreitbarer Anspruch
einen Vergleich zulasse, weil viele anbere gewichtigere Stellen bem
entgegenstehen. Ist uns bie Stelle richtig überliefert, was immerhin
noch fraglich ist, so spricht sie von ber erschwerten Aufhebung eines
Urtheils. Was bann bie Parteien an bie Stelle setzen, ist kein Ver=
gleich, sonbern ein Vertrag, ber unter ben weiten Begriff ber
transactio mitgestellt worben ist, ohne baß er ben engen Begriff
bes Vergleichs mobificiren sollte. Wollte man aber etwa soweit
gehen, anzunehmen, baß burch Aquiliana stipulatio unb acceptilatio
bas Urtheil unb bamit bie Rechtsgewißheit ganz aus ber Welt ge=
schafft unb eine Rechtsungewißheit geschaffen worben sei, welche ben
Vergleich zuließ, so würbe mit bem Wegfall bieser historischen Institute

---

¹⁹) loc. cit. 6. Aufl. S. 601, Anm. 8 i. f.

²⁰) Ursprünglich hatten bie Römer jebe Einwenbung gegen bas rechtskräftige
conbemnatorische Urtheil ausgeschlossen, mit Ausnahme ber in solenner Form geleisteten
Zahlung ober ber in biese Form gekleibeten Scheinzahlung burch nexi liberatio,
Gaj. Inst. III. § 173. Es war bies ein Vorzug ber alten Jubicatsobligation,
welche eine völlig einrebefreie sein sollte. In seiner weiteren Entwicklung hat bas
Römische Recht bies allerbings nicht festgehalten unb auch bem Jubicate gegenüber
Einwenbungen zugelassen. Vgl. auch l. 4 §§ 3. 4. D. de re judicata 42, 1. Dabei
aber blieb es, baß man Vergleiche burch nackten Vertrag für unzureichenb hielt einem
klaren Jubicate gegenüber . . . „baß sich bie Ungültigkeit bes Vergleichs gegenüber
bem Jubicat ben Römern nicht aus ber innern Natur bes Vergleichs ergab,
warb namentlich burch bie Gültigkeit solcher Vergleiche erwiesen, welche bamit be=
gannen, burch Aquiliana stipulatio unb acceptilatio bas Jubicat in formeller
Weise zu beseitigen, l. 32 C. de transact. 2, 4, eine Entscheibung, welche bie
herrschenbe Ansicht in gekünstelter unb unzureichenber Weise zu entfernen sucht."

auch bei dieser Annahme der kritischen Stelle für unser heutiges Recht
nicht der geringste Werth mehr beizulegen sein. Das Wesen des Ver=
gleichs lehren uns für das heutige Recht eben. andere Stellen.

Es ist meines Erachtens im Interesse der Praxis mit aller
Kraft darauf hin zu arbeiten, daß über den Fall, wo die sich ver=
gleichenden Parteien von einem früheren, rechtskräftigen Urtheil nichts
wissen oder es vergessen haben, klares Licht verbreitet wird,
denn derselbe kann leicht vorkommen.

In dem Falle, wo es möglich ist, über die Existenz des Urtheils
zu streiten, ist ein Vergleich sehr wohl denkbar. Die bereits er=
wähnte l. 11 D. h. t. sagt: post rem iudicatam, etiamsi provocatio non est interposita, tamen si negetur iudicatum esse, vel
ignorari potest, an iudicatum sit, quia adhuc lis subesse possit,
transactio fieri potest. Die Stelle spricht von zwei Möglichkeiten,
die Parteien behaupten, die Sache sei nicht entschieden, oder es ist
die Ungewißheit möglich darüber, ob der Streit entschieden ist. In
beiden Fällen heißt es „lis subesse potest", und um der recht=
lichen Ungewißheit willen ist ein Vergleich zulässig. —

Es ist ein Vergleich möglich, solange noch ein Rechtsmittel zu=
lässig ist, denn so lange herrscht Rechtsunsicherheit. Cf. l. 7 pr.
D. h. t.:

et post rem iudicatam transactio valet, si vel appellatio intercesserit, vel appellare potueris. Dieselbe Möglichkeit liegt vor, wenn
die restitutio in integrum verlangt worden ist, nicht, so lange die=
selbe möglich ist, denn die Rechtskraft ist ohne das Verlangen nicht
„suspensa"; cf. l. 32 Cod. h. t. und l. 25 D. 12, 6.

Wenn über den Sinn des Urtheils oder über den Umfang
des zuerkannten Anspruchs noch ein Streit möglich ist, so besteht in=
sofern noch Rechtsungewißheit, welche ebenfalls durch einen Vergleich
beseitigt werden kann.

Ist dagegen nur die Vollziehbarkeit des Urtheils ungewiß, so
liegt entschieden eine Rechtsgewißheit vor, und es ist darum ein echter
Vergleich nicht denkbar. Die Ungewißheit über die Realisirbarkeit des
Rechts gestattet nur einen Vertrag, den man als unechten Vergleich
bezeichnen mag.

Wichtig ist die Beantwortung der hier auftauchenden Frage, ob
dann, wenn die Rechtsunsicherheit durch Vergleich, Eid oder Com=
promiß schon gehoben ist, ein Vergleich zulässig ist? Wir müssen
sie von unserm Standpunkte aus verneinen, da es nur auf die Hebung
der Rechtsunsicherheit, und nicht etwa auf die Autorität des
Urtheils ankommt. So kann man mit Windscheid und Risch gegen

Rudorff sagen, daß dieser Grundsatz aus der „Natur der Sache" folge. Und eben aus diesem Grunde haben sich m. E. die Quellen darüber nicht noch besonders ausgesprochen.

Setzen wir nun den Fall, daß Jemand ein ihm günstiges Er= kenntniß genau kennt, und dennoch dasselbe mit dem Gegner ändern will, indem etwa von beiden Seiten von dem Erkannten etwas nach= gelassen wird. In diesem Falle liegt kein echter, nicht einmal ein un echter Vergleich vor, denn es ist ja kein Nachlaß an etwas Un= gewissem, sondern nur an etwas Gewissem möglich. Es handelt sich einfach um eine Schenkung 2c. Darum findet auf diesen Fall auch nicht eine von den Normen des Vergleichs Anwendung, und es ist nicht einmal nöthig, daß beide Theile etwas gewähren. Risch tadelt daher mit Recht sehr scharf Goldschmidt, der den vom sieg= reichen Gläubiger dem Schuldner bewilligten Erlaß auch einen „Ver= gleich" nennt.²¹) Man muß sich bei der Behandlung unserer Lehre sehr vor den vagen Ausdrücken des täglichen Lebens hüten; es wäre angemessen, die Worte: Vergleich, unechter Vergleich, Vertrag über ein Erkenntniß, neben einander zu gebrauchen! — Das Reichsgericht wahrt sich gegen einen vagen Gebrauch des Wortes „Vergleich". „Die Behauptung, der Konkursverwalter habe, um mit dem Schuldner definitiv abzuschließen und dessen Rechtsverhältnisse zu dem Gemeinschuldner endgültig zu reguliren, demselben über die ganze Schuld quittirt, und der Schuldner habe das acceptirt, ist nicht die Behauptung eines Vergleichs" (Bolze, Praxis des Reichs= gerichts, Bd. 3 Nr. 573). Es fehlt der gegenseitige Nachlaß. Im Uebrigen wird vom Reichsgericht der echte Vergleich vom unechten nicht getrennt. Während es den Zweck des Vergleichs scharf betont und darum einen „rechtsgültigen" Vergleich bei bestehender Furcht vor einem Rechtsstreite zuläßt (Bolze loc. cit. Band 1 Nr. 880), sagt es doch, daß die Ungewißheit, welche durch den Vergleich gehoben werden soll, auch die Realisirbarkeit des Anspruchs betreffen könne (loc. cit. Nr. 881), trennt also den unechten Vergleich nicht vom echten.

Die Folge eines nach rechtskräftig entschiedener Sache geschlossenen Vergleichs ist die, daß er ignorirt wird und das Urtheil unberührt bleibt. Cf. l. 3 Cod. Hermog. tit. 4. c. 3: pacto transactionis exactio judicati non tollitur; unde si pater tuus condemnatus judicio post transegerit et solverit, solutione magis quam trans= actione defende tuum negotium. Der Kläger, der gewonnen hat, kann das durch das Urtheil Gewonnene trotz des Vergleichs fordern,

---

²¹) Risch, loc. cit. S. 86, Anm. 18 i. f.

ber Beklagte kann das Geleistete condiciren ober auf die Urtheilsschuld anrechnen (cf. Risch, loc. cit. Seite 90 unb die Stellen l. 23 §. 1 D. 12, 6; l. 7 § 1 D. h. t.).

Bei diesen überaus wichtigen Folgen wächst die Bedeutung der Controverse, für deren richtige Lösung wir neue Gründe angeführt zu haben glauben.

Für ben unechten Vergleich gelten diese Normen nicht; bei ihm ist actio nata nicht möglich, noch weniger eine rechtskräftige Ent= scheidung. Alles, worauf das Wesen des Vergleichs beruht, scheidet bei ihm aus, unb nur der leere Name bleibt, ber burch bie Stellung im corpus juris eine leise Rechtfertigung finbet.

§ 7.

Die Subjecte des Vergleichs.

Da wir es bei ber Lehre vom Vergleiche mit einem Vertrage zu thun haben, müssen alle Sätze ber Vertragsfähigkeit gelten, bie an dieser Stelle nicht eingehend zu erörtern sinb. Da wir es aber zu= gleich mit einem Vertrage zu thun haben, welcher das Rechtsverhältniß zwischen ben Parteien normirt unb als ein exorbitanter Vertrag erscheint, muß dieser Zweckgebanke des Vergleichs seine besonderen Normen daneben hervorrufen, bie eingehendere Berücksichtigung erfordern.

Wer nicht fähig ist, einen onerosen Vertrag zu schließen, kann auch keinen Vergleich schließen. Die Lehre von ber Handlungs= unfähigkeit über unreifes Alter, Vernunftlosigkeit, Interbiction gelten auch hier.[12])

Ob ein Vorsteher einer juristischen Person Vergleiche schließen kann, das ergiebt sich aus der jebesmaligen Stellung. Bloße Synbiken können nicht ohne Weiteres Vergleiche schließen.

Wo die Vermögensgewalt fehlt, ba fehlt die Vergleichs= gewalt! Darum können Väter nicht über das peculium castrense, quasi castrense unb das adventitium irregulare sich vergleichen. Beim peculium adventitium regulare bebarf ber Vergleich des Con= senses des Sohnes, l. 8 § 3 Cod. 6. 61.

Vormünder können nach Römischem Recht sich in Sachen der Bevormundeten vergleichen, wenn ber Vergleich zum Nutzen der Curanden bient ober bie Einbuße eine unbebeutenbere ist.

Wo die Vermögensgewalt fehlt, ba fehlt die Vergleichsgewalt. Ein Prozeßvertreter hat nur die Prozeßgewalt, welche

---

[12]) Cf. Risch, loc. cit. S. 49 bis 51.

keine Vermögensgewalt ist, und sollte darum keine Ver=
gleichsgewalt haben. Der Logik entgegen hat aber der Reichs=
civilprozeß dem Anwalt Vergleichsmacht gegeben. Die Prozeß=
vollmacht ermächtigt zur Beseitigung des Rechtsstreits durch Vergleich
(§ 77 C. P. O.). Demnach hat der Bevollmächtigte die Disposition
über den Streitgegenstand, und kann seinen Machtgeber auch zu
fungiblen Leistungen an Geld ꝛc. verpflichten. Vom Fiskus als
Mandanten wird freilich vom § 79 loc. cit. stets Gebrauch gemacht,
und die Vergleichsgewalt ausgeschlossen.

Das Römische Recht hat entgegen dem modernen Prozeßrecht die
Lehre von der Stellvertretung beim Vergleiche richtig normirt.

Es liegt in der Natur der Sache, daß bei der Frage nach der
Wirkung der Stellvertretung hier Alles darauf ankommt, zu prüfen,
ob der Machtgeber dem Vertretenden die exorbitante Macht gegeben
habe, den Streit im Vergleiche zu beenden, oder nicht? Hat er den
besonderen Auftrag gegeben, einen Vergleich zu schließen, so ist es
natürlich unbestreitbar, daß der Vergleich gilt. Ist dagegen nur eine
Vollmacht zur Führung eines Prozesses gegeben, so ist m. E. die
Beendigung durch den Vergleich geradezu verboten, denn dieser
schließt den Prozeßweg aus und beendet den Streit durch gegen=
seitiges Nachgeben. Cf. l. 7 Cod. h. t.: transactionis placitum, ab
eo interpositum, cui causae actionem, non decisionem litis man-
dasti, nihil petitionae tuae derogavit. Die transactio ist das
Gegenbild der actio. Streitig ist, ob eine Universalvollmacht
zum Abschluß eines Vergleichs ermächtigt. Puchta meint in seinen
Pandecten von dem procurator omnium bonorum: „Er kann ver=
äußern, Vergleiche schließen, L. 58, 59 D. de procur. (3, 3), L. 17
§ 3 de iureiur. (12, 2), er kann aber nicht veräußern unter Um=
ständen, wo der Dominus selbst es nie zu thun pflegte; L. 12 de
pign. act. (13, 7), L. 63 D. de procur. Diese Stellen enthalten
also keinen Widerspruch. — Früher suchte man die anscheinende Diffe=
renz derselben dadurch zu lösen, daß man ein mandatum cum libera
sc. administratione (d. h. mit diesem positiven Zusatz) und eine
libera unterschied, und die ersten Stellen von jenem, die zweiten von
diesem verstand. Diese Ansicht findet sich schon in Gl. ad L. 58, 63
de procur., sie ging ins kanonische Recht c. 4 de procur. in VI, 1, 19
über, und war in Deutschland lange die ausschließlich herrschende.“
(Pand. §. 53 note n). Puchta geht dabei von dem vermutheten
Willen des Dominus aus. Allein aus der Natur der Sache folgt,
daß dieser Wille sich darum gegen eine solche Vermuthung sträubt,
weil jeder Vergleich vom vorangehenden verschieden sein muß. Man

kann ja aus den Umständen folgern, daß ein Herr veräußert hätte, weil er unter ähnlichen Umständen früher veräußert hat, aber man kann aus einem früheren Vergleich nicht auf einen späteren schließen, denn nicht in dem Nachgeben liegt hier die Aehnlichkeit; jeder Prozeß trägt seinen eigenen Charakter, und daraus, daß der Herr früher einen anderen Prozeß beendete, folgt nicht, daß er einen späteren auch durch Vergleich beendet haben würde. Dies würde m. E. nur dann anzunehmen sein, wenn dem Procurator ausdrücklich die freieste Verwaltung eingeräumt worden wäre.

Allein l. 58 und 59 D. 3, 3 reden von einem procurator, cui generaliter libera administratio rerum commissa est, nicht von jedem Generalprocurator; die l. 17 § 3 D. 12, 2 spricht von dem Fall, wo ein Eid angetragen wird; schwerer wiegt die von Puchta nicht genannte l. 12 D. 2, 14; da aber hier der Fall, wo der Vertragsschluß besonders aufgetragen ist, dem Fall der allgemeinen Verwaltung ganz gleich gestellt wird, wie dies übrigens auch in l. 17 §. 3 cit. geschieht, so haben wir m. E. anzunehmen, daß auch hier die libera administratio vorausgesetzt wird, denn in Folge jener Gleichstellung ist dann auch bei der allgemeinen Verwaltung ein besonderer Willensausdruck zu unterstellen. Die l. 63 D. 3, 3 gehört m. E. gar nicht hierher; sie spricht nur vom Veräußern; leicht verderbliche Sachen soll der procurator omnium bonorum veräußern dürfen; damit ist die Lehre vom Vergleich nicht berührt. Dagegen spricht l. 60 D. 3, 3 mit klaren Worten aus, daß in einem Generalmandat nicht ohne Weiteres die Befugniß, sich zu vergleichen, enthalten sei. Risch will hier eine allgemeine Prozeßvollmacht unterstellen, aus der Stelle selbst ist aber für seine Auffassung beim besten Willen nicht das Geringste herauszulesen.[23])

Es ist daher auch keine „Singularität", wenn die procuratores principis sich nicht vergleichen dürfen, wie dies ausdrücklich ausgesprochen ist.[24]) Zu alledem kommt nicht als schwächste Stütze unserer Ansicht noch die auch von Puchta citirte Stelle des kanonischen Rechts hinzu, an derem Schlusse es heißt „procurator quoque absque speciali mandato juramentum deferre, transigere, vel pacisci non potest, nisi ei bonorum vel causae administratio libera sit concessa". Endlich ist diese Ansicht, wie Puchta ebenfalls zugiebt, in die gemeine Praxis übergegangen.

Wie erwähnt, spricht die Natur der Sache für diese aus den

---

23) Risch, loc. cit. S. 54, Anm. 4.
24) loc. cit. S. 55, Anm. 7.

Quellen begründete Meinung. Aber auch Nützlichkeitsgründe sprechen für sie. Freilich nicht die, welche Risch anführt[13]), denn daß es „mit dem arbitrium boni viri bekanntlich eine bedenkliche Sache" sei, spricht nicht gegen die Gegenansicht, weil dieses arbitrium ja auch trotz seiner angeblichen „Bedenklichkeit" gilt. Mit solchen Allgemein= heiten kommt man nicht zum Ziele.

Der Herr, welcher eine Universalvollmacht ausstellt, weiß, daß er den Bevollmächtigten in die Lage setzt, Prozesse zu führen, er kann diesem also noch die Freiheit geben, sich zu vergleichen, und er hat dazu eine übliche Formel in der libera administratio. Macht er davon keinen Gebrauch, so ist es nicht möglich, etwa seinen vermuth= lichen Willen daneben zu erforschen; ob der Herr etwas veräußern würde, kann man aus Vorfällen schließen, wie er über einen neuen Prozeß denkt, nie! Darum ist es praktisch, eben daraus, daß er eine libera administratio nicht gab, anzunehmen, daß er Vergleiche nicht will.

Ganz anders liegt die Sache bei dem negotiorum gestor, und es dient zur Beleuchtung unserer Lehre, die Macht desselben betreffs des Vergleichsschlusses zu prüfen; Risch und Andere haben sich diese Betrachtung entgehen lassen. Ich gehe von dem Standpunkte bei dieser Lehre aus, welchen ich in meinem „negotium utiliter gestum" (1878) gekennzeichnet habe, und der mir noch jetzt der richtige zu sein scheint. Der Kern derselben besteht, wie Windscheid richtig aus= führt (Pand. Band 2 Seite 628, Anm. 17 i. f., 6. Aufl. Seite 665), darin, daß ich den eigentlichen Grund der actio negotiorum gestorum contraria in der Betrachtung finde, daß ohne dieselbe sich Niemand unbesorgter fremder Angelegenheiten annehmen würde (§. 1 J. 3, 27; l. 1 D. h. t.). Der Staat schützt im Interesse aller Geschäftsherren den einseitigen Willen des gestors. Der gestor „muß billig zu dem Schlusse gezwungen werden, daß der Herr das nützliche Geschäft vor= genommen hätte". (Meine Abhandlung loc. cit. Seite 35). Zu diesem Schlusse kann der gestor dann z. B. gelangen, wenn „Gründe vor= handen sind, welche es als dem Interesse des Prinzipals angemessener erscheinen lassen, einen Vergleich einzugehen und dabei ein Geringes aufzuopfern, als einen kostspieligen Prozeß zu führen und dabei das Ganze aufs Spiel zu setzen." Natürlich muß der Geschäftsherr in der Lage sein, sich nicht um den Prozeß kümmern zu können. Im corpus juris findet sich nebenbei bemerkt eine Stelle über den Ver= gleich seitens des negotiorum gestors nicht. Allein die Bedenken,

---

[13]) loc. cit. S. 58, Anm. 13.

welche uns beim Universalmandat aufstoßen, werden hier durch die Rücksicht auf die utilitas absentium m. E. beseitigt.

§ 8.
Die Objekte des Vergleichs.

Der Vergleich als Zweckgeschäft kann die Unsicherheit der verschiedenartigsten Rechte beseitigen.

Unbestrittenermaßen kann der streitige Anspruch ein dinglicher[26]), ein obligatorischer[17]) oder ein familienrechtlicher[28]) sein. Im letzteren Falle ist aber aus öffentlich rechtlichen Gründen ein Vergleich über die Trennung der Ehe nichtig.[19]) Ueberhaupt liegt es in der Natur der Sache, daß alle Streite über öffentliches Recht nicht verglichen werden können, weil sie eben der Privatwillkür entzogen sind. Insbesondere ist heute das Strafrecht dem Vertragsrechte entzogen. In den Fällen, wo das Römische Recht über delicta Vergleiche zuließ (wir lassen diese nur historisch interessirenden Fälle hier fort)[20]), lagen unechte Vergleiche vor, denn es handelte sich nicht um ein bestrittenes Privatrecht.

Es könnte sich fragen, ob nicht auch heute ein unechter Vergleich in dem Falle möglich wäre, wo die Strafverfolgung von einem Antrage bedingt ist (Risch, Seite 99 loc. cit.)? Allein die Frage ist sicher zu verneinen. „Die Antragsberechtigung ist ein öffentliches Recht, auf dessen Ausübung der Berechtigte zwar verzichten kann, das aber seiner Natur nach nicht Gegenstand vertragsmäßigen Uebereinkommens ist" (Hälschner, Strafrecht, Band 1 Seite 722). Die Berufung des Angeschuldigten auf einen Vergleich ist ohne Wirkung.

Ist die Bedingung, daß es sich um ein streitiges Recht handelt, beim Vergleich erfüllt, d. h. ist er ein echter Vergleich, so läßt seine Natur anderweite Beschränkungen nicht zu. Wir werden im Folgenden sehen, daß diese Beschränkungen nur beim unechten Vergleiche hervortreten.

§ 9.
Der unechte Vergleich über letztwillig hinterlassene Alimente.

Entgegen der Ansicht von Risch ist anzunehmen, daß Alimentenansprüche ihrer Natur nach kein tauglicher Gegenstand für den echten

---

[26]) l. 2. 9. 11. 15. 33 C. h. t.
[17]) l. 3. 4. C. h. t.
[28]) l. 10. C. h. t.
[19]) Risch, loc. cit. S. 72.
[20]) Risch, loc. cit. S. 96 ff.

Vergleich sind. Die Ungewißheit ihres Betrags ist keine rechtliche. wenn derselbe vom gegenwärtigen Augenblicke an bis zu dem außer' Berechnung liegenden Momente des Aufhörens ganz unbestimmbar ist, so ist eben damit ein Rechtsstreit über die Höhe einer Abfindung ausgeschlossen, weil eben jetzt nur das bestimmte Quantum gefordert werden kann. Ueber die Modalitäten dieses bestimmten Quantums kann Streit herrschen, diesen Fall haben aber die Gegner nicht im Auge."[31])

Darum ist über den ungewissen Betrag der Alimente nur ein unechter Vergleich möglich. Dies wird auch von Brinz verkannt, der sonst zwischen einem Vergleiche im engeren und im weiteren Sinne unterscheidet, indem er zu dem Gegenstand des ersteren nur streitige Sachen zählt, während nach ihm der Vergleich im weiteren Sinne nicht mehr Streitendigung, sondern nur Verwandlung eines ungewissen Anspruchs in einen gewissen, in noch weiterem Sinne sogar bloße Verwandlung von Ansprüchen ist (Pand. I¹ Seite 382, 385). Trotz dieser richtigen Erkenntniß sagt Brinz, auch die Transaktion des engeren Sinnes sei in Ansehung letztwillig erworbener Alimente verboten."[32]) Die einzige Stelle, auf welche er sich beziehen kann, ist l. 8 § 20 D. h. t.: si, quum lis quidem esset de alimentis, transactum autem de lite fuisset, transactio valere inconsulto Praetore non potest, ne circam veniatur Oratio; fingi enim lites poterunt, ut transactio etiam citra Praetoris fiat auctoritatem. Da ein Streit über ungewisse Alimente nicht denkbar ist, auch keine Furcht vor diesem Streite, weil keine actio nata denkbar ist, kann ein solcher Streit oder die Furcht davor nur fingirt werden (fingi enim lites poterunt); eine solche Fiction kann nicht zur Umgehung des Gebotes dienen.

Ein unechter Vergleich über letztwillig erworbene Alimente ist nun im Römischen Rechte unter Umständen verboten und nichtig.

In der l. 8 D. h. t. besitzen wir den trefflichen Kommentar der oratio Divi Marci, dessen klare Bestimmungen schon vielfach gut wiedergegeben und erörtert worden sind, so daß wir hier nicht allzu vielen Controversen begegnen. Das Grundprinzip der oratio, das Herz des Instituts, von dem aus das Blut in alle seine Adern und Aederchen ausströmt, finden wir in der lex selbst klar und deutlich ausgesprochen: „Weil die Personen, die mit Alimenten letztwillig bedacht worden, leicht Vergleiche in der Art schlossen, daß sie mit einer mäßigen, aber dafür gleich im Ganzen auszuzahlenden Summe zufrieden waren, hat Marcus durch seine

---

³¹) Risch, loc. cit. S. 99.
³²) loc. cit. S. 386, Anm. 43.

oratio bestimmt, daß kein Vergleich über Alimente giltig ist, außer wenn er mit Zuziehung des Prätors geschlossen worden ist."

Einmal war das Motiv, wie schon Risch richtig erkannt hat, die heilige Scheu vor dem letzten Willen; dieser wollte aus weiser Vorsicht periodische Gabe der Alimente. Dann aber ging der Gesetz= geber von der Erwägung aus, daß der Staat leidet, wenn die Be= dachten in ihrem Leichtsinn die Alimente auf einmal nehmen und verzehren. Dieses Motiv tritt aber vor der heiligen Scheu vor dem Testamente zurück, denn wir werden sehen, daß es bei Ge= schäften inter vivos nicht durchgreift. Die vom Testator gewollte menschliche Güte und staatsmännische Klugheit wahrt der Römische Staat, sie nur gilt ihm als die gerechte und jedem Römer ein= leuchtende causa, die Willensfreiheit hier so stark zu beschränken.

Aus dem Prinzipe folgt zunächst, daß der Verzicht nicht unter die Normen der oratio fällt. Hier wird an dem Willen des Testators nichts geändert, sondern er wird einfach nicht acceptirt; zur Annahme von Wohlthaten kann Niemand gezwungen werden. Ebenso sicher folgt daraus, daß nur über alimenta futura das Verbot gilt, de alimentis praeteritis si quaestio defertur, transigi potest. Eine weitere Konsequenz ist die, daß ein Vergleich, der die Lage des zu Alimentirenden befördert, citra praetoris auctoritatem giltig ist. Es wird nämlich aus der weisen Fürsorge des Testators mit Recht ge= schlossen, daß dieser nur den Vortheil des Bedachten will; wenn daher der Prätor findet, daß auch der Vergleich nur diesem Vortheil dient, so bestätigt er ihn; warum soll er dann ohne Bestätigung nicht gelten, da doch die Tendenz des Testaments gewahrt ist? Dasselbe muß da gelten, wo der Vergleich die Lage des Bedachten nicht verschlimmert. Nur das Ueberlisten des Berechtigten durch den Verpflichteten soll ausgeschlossen werden, cf. l. 8 § 11 i. f. loc. cit. Ich verweise auf die Stellen § 5 und § 6 der l 8. In dem Falle aber, wo der Be= dachte gegen baares Geld auf die Alimente verzichtet und nicht blos die Modalitäten der Zahlung ändert, bedarf es stets der obrigkeit= lichen Genehmigung; cf. § 6 cit. „noluit enim Oratio alimenta per transactionem intercipi." Es können daher wohl Vergleiche ge= nehmigt werden, welche einen „bälberen Verbrauch des Hinterlassenen ermöglichen" (cf. Brinz Pandekten Band 1² Seite 386), aber keine, welche den sofortigen Verbrauch des ganzen Geldes ermöglichen. Dem widerspricht die Scheu vor dem weisen Willen des Todten, dessen Prinzip gewahrt wird.

Ueber die wichtige Frage, ob die „allgemeine" Vorschrift des l. 8 cit. so allgemein aufzufassen ist, daß ein Vergleich über noch

nicht fällige Alimente, die auf Grund unmittelbar gesetzlicher
Bestimmung zu verabreichen sind, zu seiner Gültigkeit der richterlichen Prüfung und Bestätigung bedarf, hat sich jetzt das Reichsgericht ausgesprochen (cf. Band 4 der E. in Civils. Seite 208 ff.).
Eine Klägerin hatte ihren einzigen Sohn erster Ehe auf Alimentation
verklagt; es lag mithin ein Fall des echten Vergleichs vor. Dieser
kam nach mehrjähriger Dauer des Prozesses außergerichtlich insofern
zu Stande, als die Mutter gegen eine Abfindungssumme von 350 Mk.
auf alle gegen ihren Sohn geltend gemachten Alimentationsansprüche
für die Vergangenheit und Zukunft, sowie auf ihre Erbrechte an den
dereinstigen, nicht unbeträchtlichen Nachlaß des Sohnes verzichtete.
Der Prozeß wurde also durch den echten Vergleich nicht etwa so entschieden, daß eine streitige Stelle der gesetzlichen Pflicht beseitigt wurde,
sondern die Tendenz dieser Pflicht wurde ignorirt, die periodischen
Alimente wurden durch einmalige Zahlung aufgehoben. Hätte es sich
hier um letztwillig hinterlassene Alimente gehandelt, so wäre der Vergleich nichtig gewesen, trotzdem er in der Form des echten Vergleichs auftrat; noluit enim Oratio alimenta per transactionem
intercipi. Es fragt sich, ob der Grundsatz auch dann gilt, wenn es
sich nur um gesetzliche Alimente handelt. Das Reichsgericht sagt,
„gemeinrechtlich bedarf ein Vergleich über noch nicht fällige Alimente,
die auf Grund unmittelbar gesetzlicher Bestimmung zu verabreichen
sind, nach der allgemeinen Vorschrift der l. 8 C. 2, 4 zu seiner Gültigkeit der richterlichen Prüfung und Bestätigung. Dem widerspricht
auch die l. 8 § 2 D. 2, 15 nicht, da diese Stelle nach richtiger Auslegung nur außergerichtliche Vergleiche über solche Alimente gestattet,
welche auf Vertrag bez. Schenkung unter Lebenden beruhen" (loc. cit.
Seite 209).

Auch Risch stellt den alimentis mortis causa relictis die auf
unmittelbar gesetzlicher Vorschrift beruhende Alimentenberechtigung
gleich, und meint, „die Rechtsordnung als solche tritt hier gleichsam an
die Stelle des für den Ueberlebenden sorgenden Defunktus" (Seite 102
loc. cit.). Er stützt sich auf die Doktrin und Praxis. Holzschuher
folgt dieser ebenfalls und meint, wie das Reichsgericht, „nach dem
Grunde und der allgemeinen Fassung der l. 8 C. 2, 4" sei die gesetzliche Vorschrift auch auf gesetzliche Alimente anwendbar. Von den
neueren Autoren sagt Dernburg: „in der l. 8 C. de transact. 2, 4
erklärt Gordian Vereinbarungen über künftige Alimente ohne prä-
torische Genehmigung schlechthin für ungültig. Und hiernach bezieht
die gemeinrechtliche Praxis die Bestimmung auf alle, mindestens aber
auch auf gesetzliche Alimente." (Pandekten 2, Seite 89, Anm. 9.)

Indessen wenigstens die gemeinrechtliche Doktrin steht nicht durchaus auf diesem Standpunkte. Weder Windscheid noch Brinz dehnen die Bestimmung auf derartige Alimente aus, auch Puchta sagt nichts von dieser Analogie. Ich halte sie auch für durchaus unrichtig; nur die Heiligkeit des letzten Willens bewog die Römer zu jener Beschränkung der Willensfreiheit, nicht das öffentliche Interesse. Wo es sich nicht um den letzten Willen handelt, ist für die oratio kein Raum. Das Reichsgericht selbst stützt auch seine Entscheidung nicht auf jene Ausdehnung, sondern auf die Zwangspflicht der Alimentation zwischen Eltern und Kindern; der Vergleich widerstreitet „den guten Sitten und dem öffentlichen Interesse" (loc. cit. Seite 210). Und dies allein ist entscheidend! Die l. 8 C. 2, 4 kann nur letztwillig hinterlassene Alimente meinen, denn neben ihr gelten die Digestenstellen, welche das fordern. Sie setzt diese Beschränkung als bekannt voraus.

Die obrigkeitliche Bestätigung erfolgt nach einer causae cognitio: solet praetor intervenire, et inter consentientes arbitrari, an transactio vel quae admitti debeat. Ohne diese causae cognitio bleibt trotz der Genehmigung der Vergleich nichtig, cf. § 17 loc. cit.; ja er bleibt ungiltig, wenn der Prätor nicht über die Ursache, die Quantität, die Kontrahenten seine Prüfung erstreckt hat. Die causa kann eine sehr verschiedenartige sein; Bestrittenheit des Anspruches ist hier nicht nothwendig. Es könnte ja auch immer der Wortlaut des Testaments betont werden, der eben den Vergleich wie den Streit ausschließt; cf. § 9 eod. Der modus, die quantitas transactionis ist wichtig: nam etiam ex modo fides transactionis aestimabitur; § 10 eod. Die personarum contemplatio dient ebenfalls zur Erforschung der fides; tunc enim apparebit, numquid convenire velit eum, cum quo transigit, § 11 eod.

Ist ein Vergleich, der dieser causae cognitio und der Genehmigung bedarf, ohne diese abgeschlossen, so ist er nichtig; de futuris alimentis sine praetore seu praeside interposita transactio nulla auctoritate juris censetur. Die Folgen eines nichtigen Vergleiches werden in § 22 l. 8 cit. genannt: si quis de alimentis transegerit sine Praetoris auctoritate, id, quod datum est, in praeterita alimenta cedet; nec interest, tantum in quantitate sit debita, quantum datum est, an minus, an plus; nam et si minus sit, adhuc tamen id, quod in solutum datum est, in praeterita alimenta imputabitur. Sane si is, qui de alimentis transegit, locupletior factus sit ea solutione, in id, quod factus sit locupletior, aequissimum erit in eum dari repetitionem; nec enim debet ex alieno damno esse locuples. Im Uebrigen kann der Abfinder conbiciren, und der

Abgefundene kann trotz des Vergleichs die Alimente weiter fordern, denn es fehlt dem Vertrage die auctoritas juris. Es bleibt auch ein beschworener Vergleich nichtig, „da es nicht erlaubt sein kann, die zum gemeinen Besten gegebenen Gesetze unwirksam zu machen und durch einen Eid Dritten, welchen der Alimentationsbedürftige nachmals zur Last fiele, Schaden zuzufügen." (Holzschuher, B. 3 Seite 962.)

Liegt ein echter Vergleich vor, d. h. wird nicht etwa mit Willen der Parteien etwas Anderes an Stelle des vom Erblasser Gewollten gesetzt, sondern herrscht Streit über den Willen des Erblassers und ist ein solcher Streit möglich, eben um der Ungewißheit der Interpretation willen, so vermag ich nicht einzusehen, warum ein Vergleich verboten sein soll, denn die oratio spricht m. E. nur vom unechten Vergleiche. Der § 20 der l. 8 trifft hier nicht zu, denn es handelt sich um einen wirklichen, nicht um einen fingirten Prozeß. Das Motiv der oratio kann hier auch nicht einwirken, denn es wird hier nicht leichtsinniger Weise das Geld 2c. auf einmal an Stelle der periodischen Alimente genommen; nur muß sich natürlich der Vergleich auf die Interpretation beschränken; er darf nicht in der Weise abgeschlossen werden, daß er den Willen des Verstorbenen ignorirt und inhaltlich sich als Aenderung dieses Willens zum Nachtheil des zu Alimentirenden darstellt. Denn in diesem Falle würde allerdings der Prozeß nur zur Umgehung der oratio dienen, und das ist verboten; l. 8 § 20 loc. cit.

§ 10.

Der Vergleich über den Inhalt eines noch uneröffneten Testaments.

Bei der Behandlung der vielbestrittenen Controverse über den Inhalt eines noch uneröffneten Testaments ist der echte Vergleich vom unechten scharf zu scheiden; nur diese Trennung ermöglicht m. E. eine vielleicht endgiltige Lösung der Streitfrage.

A. Ueber den Inhalt eines noch nicht eröffneten Testaments ist ein Streit nicht möglich, es kann auch keiner gefürchtet werden. Entweder wissen die Parteien von dem Testamente, dann ist es nur zulässig, auf dessen Herausgabe zu klagen. Oder sie wissen von dem Testamente nicht, dann können sie über den Inhalt des Testaments logisch nicht streiten. Unmöglich kann man über einen Gegenstand, den weder Partei noch Richter kennt, weil ihn erst eine Urkunde später offenbart, prozessiren, eine Wette ist über diesen Inhalt möglich, ein Rechtsstreit nimmermehr. Aus diesem Grunde ist folgerecht der echte Vergleich hier ausgeschlossen.

Es tritt noch ein zweiter Grund für meine Ansicht neben den erstgenannten. Mit dem Testamente ist die Rechtsungewißheit seines Inhalts nicht verträglich, denn es giebt ja eben diese Gewißheit. Sie ist nur vor der Publikation noch nicht mitgetheilt. Ein Vergleich aber setzt Rechtsungewißheit voraus. Die Sache liegt ähnlich wie beim Vergleiche nach einem Urtheil; nur ist es in diesem Falle möglich, daß die Parteien das Urtheil nicht kannten, während es ganz un= möglich ist, daß sie die Existenz des Testaments nicht kannten, wenn sie sich über den Inhalt des Testaments verglichen. Man darf nicht mit Risch das Testament neben andere urkundliche Beweismittel stellen, denn das Testament wird, wie uns u. A. der vorige Paragraph zeigt, ganz anders geschätzt als jene, es beweist ja auch nicht ein sonst be= weisbares Recht, sondern schafft es geradezu und ist eben dadurch der einzige Beweis dieses Rechts. Darum ist die ganze Deduktion von Risch m. E. schief (cf. Seite 114 Anm. 13 loc. cit.); er kann auch zu keinem richtigen Resultat kommen, weil er den Vergleich nicht auf die lis dubia beschränkt (S. 112).

Seiner Natur nach ist also ein echter Vergleich über den Inhalt eines noch uneröffneten Testaments nicht möglich. Und dies allein sprechen auch die Quellen aus. Die vielcitirte l. 6 D. h. t. sagt: de his controversiis, quae ex testamento proficiscuntur, neque transigi neque exquiri veritas aliter potest, nisi inspectis cogni-tisque verbis testamenti. Die Stelle kann nichts Anderes bedeuten, als daß ein echter Vergleich logisch unmöglich ist, dies bezeugen die Worte: neque exquiri veritas aliter potest; cf. auch Windscheid loc. cit. Anm. 12 zu § 414[13]) Jede andere Uebersetzung des Wortes „potest" ist falsch und erkünstelt. Dazu kommt, daß die Stelle identisch ist mit der l. 1 D. 29, 3, wo es heißt: Omnibus, qui-cumque desiderant tabulas testamenti inspicere, vel etiam de-scribere, inspiciendi describendique potestatem facturum se Praetor pollicetur. § 1. Ratio autem huius Edicti manifesta est; neque enim sine iudice transigi, neque apud iudicem exquiri veritas de his controversiis, quae ex testamento proficiscerentur, aliter potest, quam inspectis cognitisque verbis testamenti. In der Stelle ist der echte Vergleich (sine iudice — apud iudicem) ganz vorzüglich charakterisirt; er ist so wenig denkbar wie ein Erkenntniß,

---

[13]) 6. Auflage S. 602.

bevor das Testament eröffnet ist. Ganz unzulässig ist es, zu ergänzen „commode potest", es ist von keiner „faktischen Unthunlichkeit" (Risch loc. cit. Seite 124, Anm. 26), sondern von einer nach Römischer Ansicht logischen Unmöglichkeit die Rede.

B. Ein unechter Vergleich über den Inhalt eines noch un= eröffneten Testaments ist denkbar; er charakterisirt sich als gewagtes Geschäft, als alea! Demnach wäre es möglich, daß diese alea durch eine positive Vorschrift, vielleicht der Heiligkeit des letzten Willens wegen, verboten wäre. Allein, wie oben gezeigt, soll die Stelle gar kein Verbot enthalten, sie spricht nur eine logische Unmöglichkeit aus. Da diese beim unechten Vergleich nicht vorliegt, so ist kein Grund vorhanden, denselben in diesem Falle nicht zuzulassen. Wie man eine Erbschaft aus einem Testamente ausschlagen kann, so kann man sich sicher auch vor Kenntniß des Testaments über dessen Inhalt „ver= gleichen".

Fragen wir nun, warum denn die Stelle an dem genannten Orte eingefügt ist? Sicher nicht, um ein Verbot auszudrücken. Wenn sie aber nur etwas logisch Selbstverständliches ausspricht, warum ist sie aufgenommen? Wir suchen vergeblich bei den Autoren nach einer be= friedigenden Antwort. Risch meint gar, sie sei „ein Exempel geist= loser Gesetzgeberarbeit" (Seite 125 loc. cit.). Der Vorwurf ist trotz Savigny's Zustimmung (System I S. 256) völlig ungerechtfertigt. Gerade ihr Zusammenhang mit l. 1 D. 29, 3, aus dem sie nicht „heraus= gerissen" ist, zeigt uns ihre Bedeutung: Da in dem Titel über den Vergleich auch Stellen über den unechten Vergleich stehen, so soll diese Stelle den echten Vergleich scharf charakterisiren, der nur bei bestrittenen Ansprüchen („sine judice", „apud judicem") vorkommen kann. Sie steht also nicht, wie Savigny will, bloß zufällig und irrig an ihrem Platze, sondern mit gutem Grunde und sehr richtig! Freilich wird dieser Grund völlig verkannt, so von Dernburg (loc. cit. S. 285, Anm. 8.); Brinz meint, die l. 6 stelle unsern Fall dem Falle gleich, wo über ein rechtskräftiges Urtheil hinweg Vergleiche geschlossen werden; (Pand. l. c. S. 384); allein er kommt dazu nur durch die sehr be= denkliche Annahme, daß das potest in l. D. 29, 3 einen ganz andern Sinn habe, als in l. 6 D. 2, 15 (S. 212, Anm. 4), und das ist, m. E., geradezu eine Ungeheuerlichkeit!

Holzschuher sieht in der Stelle ein Verbot, weil sie „nicht umsonst in den tit. de transactionibus aufgenommen worden sei" (III S. 961). Ganz willkürlich nimmt er an, daß im Fall eiblicher Bekräftigung die Vorschrift hinwegfalle. Windscheid meint, die Stelle wolle sagen, ohne Kenntniß der Worte des Testaments könne und werde ein ver=

nünftiger Mann sich nicht vergleichen. Ich finde hierfür keinen
Anhalt; bei dem echten Vergleich verbietet die Logik selbst, an ihn
hier zu denken; beim unechten handelt es sich um eine Wette, und
Wetten gehen auch Vernünftige ein. Keiner der Autoren verkennt
aber, daß die Stelle doch ihren Grund an diesem Orte haben müsse;
wir glaubten, ihn in der Betonung des echten Vergleichs gefunden
zu haben, und damit die Lösung des uralten Streits vielleicht herbei=
geführt zu haben.

Einen Ausspruch des Reichsgerichts über diese Lehre habe ich
noch nicht gefunden. Es ist dies auch nur zu erklärlich, denn der in
Form einer Wette mögliche unechte Vergleich dürfte in der Praxis
kaum vorkommen. Noch weniger wird er im alten Rom vorgekommen
sein, die Scheu vor dem letzten Willen hielt gewiß faktisch von
solchen Wetten ab. Das Unpraktische dieses angeblichen Verbots
spricht aber wiederum gegen dasselbe, denn die Römischen Normen
haben sich nur aus dem praktischen Leben selbst herausgebildet. Selt=
sam wäre es auch, ein solches Verbot in so kurzer Form auszu=
sprechen, da doch das Verbot, welches die Alimente betrifft, so aus=
führlich erörtert wird.

§ 11.

Der Vergleichsschluß.

Die Form des Vergleichs ist die des Vertrags, nimmermehr ist
er, wie Risch sagt, ein Judicat in Gestalt entgeltlichen Vertrags, darum
bedarf er der Erfüllung der Voraussetzung der zweiseitigen Verträge.
Wohin es führt, den Zweck des Vergleichs durch den „judicatlichen
Inhalt“ zu ersetzen, zeigt eine Consequenz, die Risch ziehen muß,
indem er bei nichtstreitigen Ungewißheiten den Vergleich nicht an Stelle
des urtheilenden Richters, „sondern vielmehr der urtheilenden Zeit„
stellt. (Seite 133, Anm. 3).

Der Vergleichsschluß wird erreicht durch gegenseitiges Nach=
geben, transactio nullo dato seu retento vel promisso minime
procedit (l. 38 C. h. t.). Dieses Nachgeben kann in den denkbar ver=
schiedensten Formen geschehen. Gegenseitig ist es streng genommen
nur bei streitigen Ansprüchen möglich. Jede Partei glaubt ein Recht
jetzt oder dereinst zu haben, dieses Recht ist etwas Realisirbares und
nichts Phantastisches, und darum kann man von ihm etwas Reelles
aufgeben. Daß das Aufgeben gegenseitig erfolgen muß, hat darin
seinen Grund, daß bei bestrittenen Ansprüchen jeder ein anderes Recht
behauptet; Jeder muß voraussetzen, daß der Richter ihm ganz Recht,

dem Andern aber ganz Unrecht giebt. Eine Einigung könnte in der Mitte liegen, allein weil das Urtheil ungewiß ist, existirt diese Mitte auch nicht wirklich. Und darum genügt es, wenn Jeder etwas nachgiebt, um den Streit zu beseitigen. Es kommt, und das ist der Kern der Lehre, nicht darauf an, daß das gedachte Objekt des Streits beseitigt wird, sondern daß der Streit beseitigt wird im ethischen und politischen Interesse! Es ist daher gleichgiltig, was für Forderungen der Vergleich an Stelle der behaupteten setzt.

Der Natur des Zweckgeschäfts, welche hier die beweglichste sein muß, entspricht es, das der Vergleich keine allgemeine Form kennt; nur die Vergleiche über alimenta mortis causa relicta machen eine Ausnahme. Im Besondern sind die Formen der stipulatio, acceptilatio aus unserm heutigen Recht verschwunden; wir haben daher auf rein historische Erörterungen an dieser Stelle nicht einzugehen, und nur zu sagen, daß heute auch im Besonderen jede sonst bindende Willensübereinstimmung der Parteien genügt.

Der unechte Vergleich läßt sich auch in Hinblick auf den Ver= gleichschluß kaum neben den echten stellen, wenn man nicht die aller= gewagtesten Constructionen versuchen will. Es ist das Große des objectiven Rechtes, daß es bei der Ungewißheit des dereinstigen Urtheils doch dem Menschen, der sein Landesrecht kennt, nicht nur eine unge= wisse, phantastische Hoffnung, sondern eine vom Staate garantirte Aussicht giebt, daß er sein Recht erlangen werde, wenn anders die thatsächlichen Voraussetzungen vorliegen. Bei keiner anderen Unge= wißheit, als bei der rechtlich bestreitbaren und bestrittenen, finden wir diese Garantie der Aussicht des Erwarteten! Und eben darum ist bei keiner andern Ungewißheit von einem Nachgeben („dato, retento, promisso") die Rede.

Bei dem uneigentlichen Vergleiche handelt es sich nicht um eine Streitendigung, sondern um Verwandlung irgend einer Ungewiß= heit in eine Gewißheit.

Ein Beispiel enthält die l. 11 Cod. h. t. Es wird hier ein Vergleich zwischen zwei Brüdern geschlossen über das dem einen wie dem andern Bruder gegenseitig auf den Fall, wenn der Eine ohne Kinder gestorben sein werde, auferlegte Fideicommiß. Für die Lösung dieser Ungewißheit giebt es nicht die geringste Garantie in dem einen oder dem andern Sinne, von einem Wunsche aber kann man nichts nachgeben. In noch weiterem Sinne ist transactio gar bloße Verwandlung von Ansprüchen (Brinz loc. cit S. 385); cf. l. 8 § 6 D. h. t.

Dennoch wird auch hier ein Nachlaß und Entgelt vorausge= setzt, und eben darin liegt allein die Berechtigung, noch von einem

Vergleiche, wenn auch von einem unechten, zu reden; aber der Nach=
laß ist nur ein der Phantasie entnommener, er besteht nicht in einem
„wirthschaftlichen Opfer" (Brinz), d. h. der Aufgabe eines realisirbaren
Rechts, und wäre es nur des Rechts, den Anspruch vor den Richter
zu bringen. Brinz spricht in den Fällen, die wir als unechten Ver=
gleich bezeichnen, nicht mit Unrecht von einer Angrenzung zwischen
transactio und novatio. Diese Angrenzung findet bei dem echten
Vergleiche nicht statt; die Tendenz desselben ist nicht, zu noviren,
sondern einen Streit durch Nachgeben zu beenden, gleichviel in welcher
Form.[84])

§ 12.
Die Verstärkungsmittel des Vergleichs.

Wie bei allen Verträgen, so kann auch bei dem Vergleiche zu=
nächst die Conventionalstrafe als Verstärkungsmittel auftreten. Ein=
mal soll dann der sich vergleichende Kläger durch die Strafe „von
dem bloßen Versuche, die aufgegebene Prätension noch einmal geltend
zu machen, abgeschreckt" werden, cf. l. 15 D. h. t. (Risch, loc. cit.
Seite 169), dann aber soll der Beklagte zur Leistung dadurch be=
stimmt werden. Es ist klar, daß hier beim unechten Vergleich von
keinem Kläger die Rede sein kann, hier werden beide Parteien durch
die Strafe zur Leistung bestimmt.

Eine Eigenthümlichkeit findet sich hier beim Eid als Verstärkungs=
mittel. Die betreffende Stelle, l. 41 Cod. h. t., spricht nämlich aus,
daß Jemand, der als Volljähriger aus freiem Ermessen einen Ver=
gleich schließt und beschwört, falls er den Schwur bricht, zur Strafe
infam wird, die Klage verliert, die Conventionalstrafe leisten muß (die
sonst nur alternativ zu leisten ist), endlich alle Vortheile verliert, die
ihm aus dem Vergleiche erwachsen. Es ist hier nur an den echten
Vergleich gedacht, wie die Worte „interpellando judicem" und „suppli-
cando principibus" klarlegen; es war strafbar, trotz des Vergleichs
den Prozeß gegen den Beklagten zu eröffnen. Der Inhalt der Stelle
schließt, m. E., ihre Anwendung auf den Verklagten aus; die
Worte „verum etiam actione privatus" zeigen, daß nur der Kläger
getroffen werden sollte.

---

[84]) Zu welcher Verwirrung die Mischung von echtem und unechtem Vergleich
führt, zeigt deutlich Risch, der fordert, daß beim Vergleich der Wille darauf gerichtet
sein müsse, an Stelle der Rechtsungewißheit ein gewisses Rechtsverhältniß zu begründen,
und dennoch meint, streitige Verhältnisse seien nur „bei Weitem die Regel." (S. 133,
Anm. 3. loc. cit.)

Wir haben an dieser Stelle noch ein modernes Verstärkungsmittel der Vergleiche zu betrachten. Die moderne Zwangsvollstreckung findet statt aus Vergleichen, welche nach Erhebung der Klage zur Beilegung des Rechtsstreits seinem ganzen Umfange nach oder in Betreff eines Theiles des Streitgegenstandes vor einem deutschen Gericht abgeschlossen sind. Das Gesetz giebt hier einer species, und zwar dem Hauptfalle des echten Vergleichs, dem Prozeßvergleiche, besondere Kraft und hebt vortrefflich den Zweck dieses Zweckgeschäfts, die Beilegung des Streites, hervor. Wir haben also hier den Fall einer gesetzlichen Verstärkung des Vergleichs; an seiner Natur ändert dieselbe garnichts, der Vergleich wird dadurch kein Urtheil, nicht einmal eine gerichtliche Urkunde, weshalb § 705 der C. P. O keine Anwendung findet.

Die moderne Zwangsvollstreckung findet ferner statt aus Vergleichen, welche beim Zwecke eines Sühneversuches zu Protokoll vor dem Amtsgericht abgeschlossen sind; cf. § 702 C. P. O. Es handelt sich hier um die zweite species des echten Vergleichs, nämlich um den römischen Fall, wo aus Furcht vor dem Streite ein Vergleich geschlossen wird; cf. § 471 der C. P. O. Es bedarf hier nur des Gegenstandes des Anspruchs, nicht der Erfordernisse der Klage, auf jeden Fall aber der Absicht eines Prozesses. Dann tritt die gesetzliche Verstärkung ein.

Beim unechten Vergleich giebt es diese gesetzliche Verstärkung im Prozeßrecht nicht, nur der Parteiwille kann sie nach § 702, 5 der C. P. O. schaffen; wenn der unechte Vergleich urkundlich von einem deutschen Gericht oder einem deutschen Notare aufgenommen wird und fungible Ansprüche betrifft, so findet dann aus ihm die Zwangsvollstreckung statt, wenn der Schuldner sich in der Urkunde der sofortigen Zwangsvollstreckung unterworfen hat. Es liegt kein Grund vor, daß sich beim Vergleiche im unechten Sinn nicht auch die andere Partei als Schuldner der Execution unterwerfen könne, nur muß auch ihr Anspruch fungibel sein.

§ 13.

Die Wirkungen des Vergleichs.

Die Wirkung des Vergleichs ist dieselbe, wie bei allen gegenseitigen Verträgen; darum ist es unzweifelhaft, daß derjenige, welcher nicht erfüllt hat, auch keine Erfüllung fordern kann, und daß derjenige, welcher erfüllt hat, Erfüllung verlangen kann. Nach heutigem Rechte kann die Erfüllung auch der fordern, welcher sie anbietet (cf. Windscheid § 413, Anm. 11 loc. cit.). Dagegen ist es zweifelhaft,

ob der, welcher erfüllt hat, vom Gegner nur Erfüllung und nicht
Rückgabe des Empfangenen fordern kann. Wir werden auf diese
Fragen besser bei der Lehre von der Aufhebung des Vergleichs näher
eingehen. Im Allgemeinen entspricht die Wirkung eines jeden
Vergleichs der jedesmaligen besonderen Abrede. Er kann eine
Anerkennung enthalten, ferner einen Erlaß. In letzterer Hinsicht
unterscheidet Windscheid (§ 357 loc. cit.) die beiden Fälle des Er=
lasses: des Erlasses, der auf direkte Aufhebung des Forderungsrechtes
gerichtet ist, und des Erlasses, der das Forderungsrecht an und für
sich bestehen läßt, wobei sich aber der Gläubiger anheischig macht,
dasselbe nicht geltend zu machen, so daß, wenn er es dennoch thut,
eine Einrede gegen ihn begründet ist. Bei der Frage, zu welcher
Klasse der Erlaß im Vergleich gehört, dürfen wir nicht vergessen, daß
der Vergleich ein Zweckgeschäft ist, also von dem Zwecke, den Streit
zu beenden, gar nicht getrennt werden kann. Darum ist der Erlaß
im echten Vergleiche kein direkter Erlaß, denn die Geltendmachung
des Rechts wird erlassen, er gehört aber auch nicht zur zweiten
Klasse, denn mit dem pactum de non petendo ist der Vergleich nicht
gegeben: Die Geltendmachung des Rechts wird erlassen zugleich
mit einem Erlasse am Recht selbst. Demnach tritt der Erlaß im
Vergleiche als dritte Art des Erlasses neben die von Windscheid ge=
nannten beiden Arten.

Es liegt nicht im Begriffe des Zweckgeschäfts, daß es erst eine
Verpflichtung erzeugt; der Zweck kann sofort erfüllt werden und dann
bleibt keine obligation übrig. Wird aber im Vergleiche vertragsmäßig
die Verbindlichkeit einer Gegenleistung übernommen, so konnte, anfangs
nur indirekt, später „in realkontraktlicher Weise die Erfüllung auch
der blos paktirten Gegenleistung direkt erzwungen werden" (Brinz
l. c. S. 385): si omissa verborum obligatio est, utilis actio, quae
praescriptis verbis rem gestam demonstrat, danda est.

Es ist nicht einzusehen, wie Risch dazu kommt, von einer be=
sonderen „Vergleichsklage" zu sprechen, die auch in den Quellen
nicht die leiseste Rechtfertigung findet (S. 177 loc. cit.).

Die Verpflichtung aus dem Vergleiche ist nur dann gegeben,
wenn vertragsmäßig (nicht nach Art des Urtheils!) eine Verbind=
lichkeit übernommen wird, die Gegenleistung erst zu gewähren. Besteht
die Gegenleistung im Geben einer Sache, so ist hier zwischen
dem echten und dem unechten Vergleiche kein Unterschied in Bezug
auf die Pflicht zur Evictionsleistung. Wird die Sache dem Ab=
gefundenen entwährt, so handelt es sich hier wie beim Kaufe um
einen der Fälle, wo Jemand verpflichtet ist, „Eigenthum oder ein

anderes Recht an einer Sache, welches Anspruch auf das Haben einer
Sache giebt, zu verschaffen" (Windscheid loc. cit. § 392). Darum
besteht auch hier die Pflicht zur Eviction.

Der Gegenstand des Vergleichs kommt hierbei gar nicht in
Frage, und darum gilt diese Regel auch bei einem sogenannten Ver=
gleiche über Unbestrittenes. Zu vergleichen ist hier die Stelle der
l. 34 C. h. t. „ex stipulatione sane, si placita servari secuta est,
vel si non intercesserit praescriptis verbis civili subdita actione
apud rectorem provinciae agere potes."

Ganz und gar anders liegt der von Risch abgetrennte Fall, wo
der Streitgegenstand selbst dem Abfindenden evincirt wird; hier
ist von keiner Eviction die Rede; cf. l. 34 l. c. i. f. „si tamen res
ipsas apud te constitutas, ob quarum quaestionem litis intercessit
decisio, fiscus vel alius a te vindicavit, nihil petere potes." Der
sich Vergleichende verpflichtet sich ja nur, den Streit zu beenden,
über den Streitgegenstand selbst hat er keine Pflichten übernommen.
Auch beim unechten Vergleiche ist keine Pflicht vorhanden, Eigenthum
am Vergleichsgegenstande, d. h. hier an der nur in der Phantasie
lebenden Gewißheit, zu verschaffen. Kann nun beim echten Vergleiche
etwa im Falle der Entwährung die Abfindung zurückverlangt werden?
Die Quellen verneinen es (nihil petere potes). Es ist mit Risch
anzunehmen, daß die Voraussetzung einer condictio causa data causa
non secuta hier nur dann vorhanden wäre, wenn der Andere seine
aufgegebenen Ansprüche erneuerte (cf. Risch loc. cit. Seite 205).

Beim unechten Vergleich, wo keine Ansprüche aufgegeben werden,
sondern nur ein gewagtes Geschäft geschlossen wird, ist die condictio undenkbar. Der echte Vergleich ist ein Streitbeendigungsmittel,
und darum dient er zur Einrede, wenn etwa nach ihm der Streit
wieder begonnen wird. Aber auch der unechte Vergleich gewährt eine
Einrede, wenn etwa nach ihm die paktirte Gewißheit wieder in Frage
gezogen werden sollte. Es ist darum ganz falsch, eine allgemeine
exceptio transactionis neben die exceptio rei judicatae zu stellen
(Risch S. 181). — Die exceptio pacti beim bloßen Vertrage und
die defensio im Falle vorliegender aquiliana stipulatio und acceptilatio zeigen im modernen Recht, das uns hier allein interessirt, keine
Unterschiede mehr. Bei dem echten Vergleiche ist hier besonders hervorzu=
heben, daß im Falle der Einrede genau zu prüfen ist, ob derselbe
Rechtsstreit zwischen denselben Personen vorliegt. Dies ergiebt sich
aus keiner Analogie mit dem Urtheil, sondern lediglich aus dem
Vertragswillen: Zwei Personen wollen einen ganz bestimmten Streit
beenden und zwar nur zwischen sich. Die Begründung aus der Natur

des Vertrags ist in l. 3 pr. D. h. t. ausgesprochen: „Privatis pactio-
nibus non dubium est non laedi jus ceterorum; quare transactione etc." Zu vergleichen ist auch das Beispiel in der l. 1 Cod. h. t.

Aus dem Vertragswillen heraus folgen die Ausnahmen von
obiger Regel. Zunächst gilt der Vergleich für die Rechtsnachfolger.
Im Falle der Universalsuccession tritt der Erbe in alle, also auch in
die aus dem Vergleiche stammenden Rechte und Pflichten des Erblassers ein. Aber auch für den Sondernachfolger wirkt der Vergleich;
cf. l. 8 D. 12, 2; Windscheid § 418, Anm. 17 und § 412a, Anm. 9.
Schwieriger ist die Wirkung des Vergleichs bei Correalobliga-
tionen zu beurtheilen, weil die Quellen schweigen. Ich glaube nicht,
daß man mit Windscheid auf die Lehre von der Rechtskraft des
Urtheils verweisen darf, denn der Vergleich hat keine Judicatsnatur
(loc. cit. § 413, Anm. 18). Aus der Natur der Correalobligation
folgt aber, daß Vergleiche, welche die objective Seite derselben treffen,
für und gegen alle Correalparteien gelten, während Vergleiche, die
nur die subjective Seite berühren, diese Wirkung nicht haben.

Bei der Bürgschaft leitet Risch mit Recht aus deren accesso-
rischer Natur den Satz ab, daß der Vergleich des Hauptschuldners
dem Bürgen nützt, ihm aber nicht schaden kann (Risch loc. cit.
Seite 195; l. 7 § 1 D. h. t., — l. 68 § 2 D. 46, 1.).

Nach positiver Vorschrift soll der Vergleich über die Gültigkeit
eines Testaments die Wirkung haben, daß sich die Erbschaftsgläubiger
auf ihn berufen können. In der l. 14 D. h. t. wird der Fall behandelt, daß zwischen den Intestaterben und den testamentarischen
Erben ein Streit ausgebrochen ist; dieser Streit wird beglichen. Es
liegt also ein echter Vergleich vor. Waren hier nun die Gläubiger
Andere, als die sich Vergleichenden, so müssen sie sich doch die Theilung
gefallen lassen, und so bindet hier der Vergleich nicht nur die Transigenten, sondern Dritte. Risch meint, eine schärfer eindringende Interpretation erkenne, daß auch hier keine Ausnahme von dem Prinzipe
vorliege, daß der Vergleich nicht für Dritte gelte (loc. cit. Seite 201
und Anm. 39 Seite 199 ff.). Allein seine eigene Deduktion wider-
legt diese gewagte Behauptung. Er gesteht zu, daß, wenn die Transigenten den wahren Erben nicht ermitteln, den Erbschaftsgläubigern
zunächst nichts Anderes übrig bleibe, als selbst den Beweis zu übernehmen, wer der wahre Erbe sei. Um den Gläubigern diesen höchst
schwierigen Beweis zu ersparen, wer der wahre Erbe sei, erscheine es
weit natürlicher und billiger, dasjenige, was sich am Ende doch als
letztes Resultat ergäbe, zu anticipiren, — nämlich die Regreßklage,
die Jedem der Transigenten zustände, nunmehr sofort den Gläubigern

als utilis actio zu verstatten. Allein der Beweis braucht nicht immer ein schwieriger zu sein, die Regreßklage kann ferner nicht mit der Klage in Verbindung gebracht werden, die auch gegen den Erben statt hat, der gegen den Anderen selbst nicht Regreß nimmt, und die Quellen enthalten endlich keine Stütze für diese künstliche Konstruktion. Sie geben nur den Grund an: „propter incertum successionis pro parte hereditatis." Der krasse Widerspruch mit l. 3 pr. D. h. t. ist m. E. nicht zu heben, und Holzschuher's Bemerkung, daß man außerdem den rechten Beklagten nicht wohl finden könne, weil Niemand weiß, wer de jure der wirkliche Erbe ist, trifft nicht zu, denn der Richter wird diesen finden können (loc. cit. Seite 967 zu 14). Es ist und bleibt eine Willkür, durch diese private Abmachung die Gläubiger zu binden! Gewiß ist die Erklärung von Noobt in seiner Schrift über den Vergleich unrichtig: „Scaevolam in l. 14 non servasse gloriam integritatis", Scaevola hat sicher eine allgemeine Ausnahme ausgesprochen, und eine solche ist auf jeden Fall jetzt konstatirt. Aber wir müssen die Ausnahme als solche anerkennen und offen zugestehen, daß sich eine einleuchtende Begründung für dieselbe nicht finden läßt.

§ 14.
Die Auslegung des Vergleichs.

Da der Vergleich sich auf einen Vertrag stützt, so müssen bei der Auslegung die Regeln über die Auslegung der Verträge gelten. Für eine Abweichung wäre nur dann Raum, wenn sich eine solche in den Quellen fände. Dies aber ist nicht der Fall; transactio, quaecunque fit, de his tantum, de quibus inter convenientes placuit, interposita creditur (l. 9 § 1 D. h. t.). Diese Regel ist allgemein (quaecunque fit) giltig, bei dem unechten wie bei dem echten Vergleiche. Bei der transactio specialis, wo der Gegenstand des Vergleichs durch eine species oder durch eine bestimmte Einzelheit gebildet wird, gilt der Vergleich nach der maßgebenden Absicht der Parteien nur für diese Einzelheit. Allgemeine Phrasen können an der Absicht des Vertrags nichts ändern; si de certa re pacto transactionis interposito hoc comprehensum erat, nihil amplius peti, et si non additum fuerat: „eo nomine", de caeteris tamen quaestionibus integra permanet actio (l. 31 Cod. h. t.). Umfaßt ein Vergleich ein genus (transactio generalis), z. B. eine Erbschaft, eine Societät, so umfaßt er natürlich auch alle species, die zu dem genus zählen. Inwiefern der Irrthum hier von Einfluß ist, das soll ausführlich und im Zusammenhange an einer anderen Stelle erörtert werden.

Dem Parteiwillen entsprechend ist beim echten Vergleiche anzunehmen, daß die Hauptabsicht ist, eben den Streit zu beenden, und nur in diesem Sinne ist zu interpretiren. Brinz sagt mit vollstem Rechte: „Die Furcht vor dem Prozesse und die Befreiung von ihm, nicht ob oder was an der Sache ist, ob man hierin oder darin wahr sieht oder irrt, bildet den Grund, daß einerseits von der Klage abgestanden, andrerseits etwas geleistet wird." Diese Regel gilt aber nur für den echten Vergleich, und wir erkennen schon hier, daß bei der Lehre vom Irrthum streng zwischen echtem und unechtem Vergleich wird geschieden werden müssen.

§ 15.

Der Einfluß des Zwanges auf den Vergleich.

Windscheid meint, der Vergleich sei aus den allgemeinen Gründen ungültig und könne u. A. auch wegen Zwanges angefochten werden (cf. Pand. loc. cit. § 414). Brinz dagegen sagt, daß nicht jeder Zwang zur Anfechtung genügend sei und beruft sich auf l. 13 Cod. h. t. und l. 35 eod. (cf. Pand. I² Seite 384). Diese Stellen lauten zunächst l. 13 cit.: interpositas metus causa transactiones ratas non haberi, edicto perpetuo continetur. Nec tamen quilibet metus ad rescindendum ea, quae consensu terminata sunt, sufficit, sed talem metum probari oportet, qui salutis periculum vel corporis cruciatum contineat. Es ist m. E. in der That unzweifelhaft, daß eine Furcht, die nur dann als berechtigt gilt, wenn Lebensgefahr oder Marter des Körpers vorliegt, als eine qualificirte Furcht angesehen werden muß. Allein nur beim echten Vergleiche wird ein qualificirter Zwang verlangt. Das ergiebt sich klar aus dem Schlusse derselben Stelle: ad vim tamen vel dolum arguendum qualitas causae principalis non sufficit; unde si nihil tale probari potest, consensu quaestiones terminatas minime instaurari oportet. Es ist beim Vergleiche über einen Streit demnach gleichgültig, ob der Eine viel nachgelassen hat, und kann er dadurch den Zwang nicht beweisen, sondern nur durch Nachweis der Lebensgefahr oder der Körperqual. Anbernfalls soll der Streit auf keinen Fall erneuert werden. Und das mit Recht, denn dem echten Vergleiche wird oft ein Motiv psychologischen Zwanges zu Grunde liegen, da aber der Zweck des Vergleiches ist, den Streit zu beenden, so wird dieser Zweck oft dann nicht erreicht werden, wenn man durch psychologischen Zwang ihn wieber aufheben läßt. Nur körperlicher Zwang, oder was dem gleich steht, soll den Zweck vereiteln dürfen.

Für den unechten Vergleich stellt keine Stelle besondere Er= fordernisse des Zwanges auf, sie wären auch nicht am Platze, denn hier braucht auf den Zweck der Streitbeendigung keine Rücksicht genommen zu werden, es liegt keine quaestio consensu terminata vor. Es liegt auch keine improbitas desjenigen vor, der Furcht vorschützt, während diese ihm dann vorgeworfen wird, wenn er jenen Einwand benutzt, um den Streit zu erneuern; l. 35 Cod. h. t.

§ 16.
Der Einfluß des Betrugs auf den Vergleich.

Brinz meint, daß nicht einmal jedweder dolus den Vergleich anfechtbar mache; grober Betrug, Fälschung von Urkunden, auf Grund deren man sich verglichen habe, oder Unterschlagung von Urkunden, angesichts derer man sich nicht verglichen hätte, müsse vorliegen (Seite 384 loc. cit.). Allein ich kann in den von ihm angeführten Stellen keine Forderung eines qualificirten Betrugs finden. In l. 65 § 1 D. 12, 6 steht die evidens calumnia der res media gegen= über, Irrthum und Betrug sind hier Gegensätze, nicht etwa Grade des Betrugs; bei jedem Betruge ist die transactio eine imperfecta. L. 42 C. h. t. und l. 19 C. aber enthalten nicht die einzigen Bei= spiele, sondern nur Beispiele; auch bei anderen Betrugsfällen ist gewiß zu sagen, daß der Betrüger decisionem litis extorsisse.

Selbstverständlich macht der Betrug auch den unechten Vergleich ungültig. Die l. 35 D. 2, 14 gehört nicht hierher, denn sie spricht von einem Falle der Anerkennung (das ergiebt die Rolle, welche die Theilungsurkunde dabei spielt, cf. Windscheid loc. cit. § 414 Anm. 2); wohl aber l. 9 § 2 D. h. t. Wenn ein Miterbe durch Betrug den Betrag der Erbmasse verschleiert und sich dann mit den Miterben vergleicht, der vergleicht sich nicht, sondern der betrügt: non tam paciscitur, quam decipitur.

Grade des Betrugs im Civilrecht anzunehmen halte ich überhaupt in allen Fällen und so auch hier für falsch. Das Recht gestattet in keinem Falle, daß die Willenserklärung dem Betrüger Vortheil bringe! Und ein Betrüger bleibt ein Betrüger, mag er ein großer, oder mag er ein kleiner sein. Dagegen läßt die Furcht, die immer eine erhebliche im Recht sein muß (timorem maioris malitatis), entschieden Grade zu; es ist in anderen Fällen sehr wohl denkbar, daß sie nicht gerade aus Bedrohung des Lebens entspringt (cf. Windscheid, Band 1 S. 218, Anm. 6 zu § 80).

§ 17.

Der Einfluß des Irrthums auf den Vergleich.

Risch meint, wie überhaupt die Theorie des Irrthums zu den schwierigsten Partieen der Rechtswissenschaft gehöre, so sei die Bedeutung und der Einfluß desselben beim Vergleich, besonders wegen der schwierigen Erklärung mancher hierher gehöriger Quellenaussprüche, geradezu eines der allerdunkelsten Gebiete geblieben (loc. cit. Seite 156). Wir können leider heute diesen Ausspruch getrost wiederholen, denn es herrschen trotz aller Forschungen in der Theorie hier noch die grellsten Widersprüche, und nirgend will sich ein Weg zu einheitlicher Lösung zeigen. Unseres Erachtens deshalb, weil gerade der Irrthum das Wesen des echten Vergleichs bloslegt, aber umgekehrt auch nur von diesem aus verstanden werden kann, so daß bei der Nichttrennung von echtem und unechtem Vergleiche kein endgiltiges Resultat gefunden werden kann.

Um auf die Widersprüche der neueren Theorie hinzuweisen, bedarf es nur der Bezugnahme auf die bedeutenderen Pandektenlehrbücher unserer Tage.

Windscheid sagt: „Voraussetzung eines Vergleichs über einen bestrittenen Anspruch ist, daß die bei dem Vergleiche als wahr angenommenen Thatsachen, deren Nichtwahrheit den Streit ausschließen würde, wahr seien, so wie, daß nicht andere Thatsachen wahr seien, deren Wahrheit den Streit ausschließen würde." Er stützt seine Behauptung auf l. 42 Cod. h. t. (loc. cit. § 414, Anm. 4). Dernburg lehrt, Vergleiche seien nach allgemeinen Grundsätzen wegen wesentlichen Irrthums anfechtbar. Dagegen begründe es keine Anfechtung, wenn das Sachverhältniß, worüber man sich verglichen habe, hinterher durch aufgefundene Urkunden klar gestellt werde, sie seien dann vom Gegner betrügerisch hintangehalten worden. Er meint weiter: Die Parteien schlichten Vergleiche nicht unter zahlreichen unausgesprochenen Voraussetzungen, wie solche Windscheid unterstellt. Sie wollen dem Streite ein Ende machen und eine feste Grundlage schaffen, keineswegs aber auf einen unterhöhlten Boden treten. Nur auf die Frage kann es ankommen: „worüber wollten sich die Betheiligten vergleichen, und was lag ihrem Horizonte beim Vergleichsschlusse fern?" (loc. cit. Seite 286 Anm. 13.) Baron weicht wiederum von den beiden Genannten ab: „Wegen bloßen Irrthums ist der Vergleich nur dann anfechtbar, wenn diejenigen Thatsachen, welche von beiden Parteien als richtig vorausgesetzt worden sind, unrichtig sind, resp. umgekehrt, wenn Thatsachen vorhanden sind, welche beide Parteien als nicht existent vorausgesetzt haben; anfechtbar ist z. B. der Vergleich über ein wegen Formfehlers angefochtenes Testament, wenn das Testament hinterher sich als ein untergeschobenes erweist, die Ablösung eines angeblichen Rentenvermächtnisses mit einer Pauschsumme, wenn dasselbe hinterher als nichtig erwiesen wird. Nicht hingegen ist der Vergleich anfechtbar, wenn hinterher der Irr=thum der einen Partei sich als solcher herausstellt, resp. die Ungewiß=heit gehoben wird." (loc. cit. Seite 183.) Wiederum von anderer Ansicht geht Brinz aus: „Durch den Vergleich wird die Berufung auf den Irrthum abgeschnitten, geschweige daß umgekehrt er durch diesen entkräftet würde." Er lehrt sehr entschieden, „die Furcht vor dem Prozesse und die Befreiung von ihm, nicht ob oder was an der Sache ist, ob man hierin oder darin wahr sieht, oder irrt, bildet den Grund, daß einerseits von der Klage abgestanden, andererseits etwas geleistet wird", und citirt die Stelle: nam si lis fuit, hoc ipsum quod a lite disceditur, causa videtur esse (loc. cit. Seite 383 f.).

In Buhls „Beiträgen zur Lehre vom Anerkennungsvertrage" finden wir eine Anlehnung an Windscheids Lehre (S. 101), ohne daß Wesentliches neu angeführt wird.

Dagegen hat die überhaupt sehr hoch zu schätzende Arbeit von Risch gute und selbständige neue Lehren auch in dieser Hinsicht beigebracht, die freilich dann fallen, wenn die Stützen ihrer Voraus=setzungen schwanken und sich in den allgemeinen Lehren über den Irrthum eine Wendung vorbereitet.

Risch unterscheidet mit Savigny zwischen dem echten Irrthum, der den Willen des Irrenden nicht ausschließt, sondern voraussetzt, und zwischen dem unechten Irrthum, dessen Vorhandensein den Rechts=willen gar nicht zum Dasein kommen läßt. Der unechte Irrthum hindert den Vergleich wie jeden andern Vertrag (Seite 157 ff.). Dagegen kann ein Vergleich wegen echten Irrthums nicht angefochten werden. Die l. 42 Cod. h. t. soll nach Risch eine Ausnahme enthalten, welche in rechtspolitischen Motiven ihre Erklärung findet (Seite 222).

Wir scheiden mit Zitelmann den Irrthum in drei Arten:
1. unrichtige oder mangelnde Vorstellung über das eigne Thun,
2. unrichtige oder mangelnde Vorstellung über die Folge des Thuns,
3. unrichtige Vorstellung als Motiv und Mangel einer Vorstellung, welche Motiv oder Gegenmotiv gewesen wäre (Irrthum und Rechts=geschäft, Seite 340). Jedes Rechtsgeschäft, auch der Vergleich, ist eine Handlung; bei dieser bildet das Bewußtsein ein integrirendes Moment. Fehlt das Bewußtsein, so ist das Rechtsgeschäft nichtig

(Seite 342). Ebenso ist die Absicht auf Herbeiführung des Rechts=
erfolgs integrirendes Moment des Rechtsgeschäfts. Wo die Vorstellung
über die Rechtsfolge fehlt, ist das Rechtsgeschäft nichtig. Das Rechts=
geschäft ist aber an sich unabhängig von den seine Errichtung ver=
ursachenden Motiven. „Wenn also nach positivem Recht der Irrthum
im Motiv hier doch eine Wirksamkeit hat, so fließt dies nicht aus
dem Begriffe des Rechtsgeschäfts her, sondern ist positive Satzung"
(cf. Seite 142, 143 loc. cit.).

So fragt es sich benn nur, ob wir diese positive Satzung
in ben Quellen finden? Ehe wir aber diese prüfen, wollen wir
nachforschen, ob etwa in der Natur des Vergleichs eine solche Satzung
begründet erscheint.

Im Falle des <u>unechten</u> Vergleichs ist biese positive Satzung hier
so gut wie bei anderen Rechtsgeschäften am Platze. Wenn lediglich
eine Ungewißheit beseitigt werden soll, um Gewißheit zu erlangen,
so müssen die als wahr angenommenen Thatsachen, deren Nichtwahr=
heit die Ungewißheit ausschließen würde, wahr sein, und es dürfen
nicht andere Thatsachen wahr sein, deren Wahrheit die Ungewißheit
ausschließen würde, benn andernfalls können die Parteien nicht von
dem Motiv bewegt worden sein, welches in etwas Gewissem oder
Ungewissem nach ihrer Ansicht bestand. Dieses Motiv aber ist hier
wesentlich und muß es das positive Recht deshalb vor dem error
schützen, weil mit dem Fallen des Motivs auch die Absicht nicht mehr
vorhanden sein kann, Ungewisses zu beseitigen. Denn der Zweck des
unechten Vergleichs ist diese Beseitigung, und nicht mehr.

Ganz anders aber liegt der Fall beim <u>echten</u> Vergleiche. Der
Zweck des echten Vergleichs ist der, das Uebel eines brohenden Streits
ober eines Streits zu beseitigen. Während beim unechten Vergleiche
objective Ungewißheit beseitigt wird und eben barum es auf die vor=
ausgesetzten objectiven Thatsachen ankommt, wird beim echten Ver=
gleiche eine subjective Ungewißheit beseitigt, die darin besteht, daß
Niemand weiß, ob der Richter bem Einen ober dem Andern Recht
geben wird. Es kann auch nicht hier der Fall wie bort eintreten,
baß die Ungewißheit objectiv ungewiß bleibt, nein, es muß hier zu
der Gewißheit kommen, daß der Streit baburch beendet wird, baß
der Eine Recht, der Andere Unrecht erhält, daß also vom Richter
ausgesprochen wird, daß der Eine ober der Andere sich geirrt hat.
Der Zweck des Vergleichs ist also lediglich hier der, nicht nur die
Ungewißheit zu heben, sondern den Streit zu beenden, und darin
liegt dem unechten Streite gegenüber ein bedeutendes Mehr! Die
Absicht geht also bahin, biesen Zweck zu erreichen, ja dieser Zweck

ist hier so sehr die Hauptsache, daß die Nebenabsichten, etwa Kauf, Tausch, Erlaß ꝛc., welche neben dem Vergleiche in der Formel do ut des hergehen, ganz in den Hintergrund treten und das Geschäft in keiner Weise charakterisiren, wie sie es doch in andern Fällen, z. B. beim Kauf, thun. In diesem Zweck der Streitbeendigung erfüllt sich das Ganze des echten Vergleichs, und wir haben den Vergleich darum ein Zweckgeschäft genannt. Es darf nicht eingewendet werden, daß ja auch im Falle des unechten Vergleichs ein Zweckgeschäft vorliege, daß nur in dem Zwecke bestehe, eine Ungewißheit zu beseitigen. Dort ist es ungewiß, ob, wann und wie sich diese Ungewißheit lösen wird. Hier ist es gewiß, daß die Ungewißheit sich, sobald eine Partei den Richter anruft, dahin lösen wird, daß erklärt wird, eine Partei habe Unrecht, befinde sich also im Irrthum.

Um zu vermeiden, daß vom Richter ausgesprochen wird, eine Partei irre, wird der Streit durch Vergleich beendet. Nicht aber etwa, um eine Art Urtheil zu schaffen, denn das durch den Vergleich Normirte hat mit dem objectiven Recht nichts zu thun, ja wird materiell fast stets vom Resultate des objectiven Rechts verschieden sein. Darum ist es widersinnig, wie beim Urtheil davon auszugehen, daß bei einem anderen Thatbestand wie ein andres Urtheil so auch ein andrer Vergleich erfolgt wäre. Der Vergleich bezweckt ja unter allen Umständen Streitbeendigung, der sich Vergleichende geht nicht nur von dem Motiv aus, Ungewißheit zu beseitigen, er will es ja gar nicht zur Feststellung des Thatbestandes und dem Urtheil kommen lassen, und darum sind Irrthümer in der Voraussetzung des Thatbestandes ganz gleichgiltig, die Erreichung des Zieles der Streitbeendigung wird gewollt unabhängig vom Motiv. Darum hat auch der Gesetzgeber hier gar keine Veranlassung, das Motiv vor dem Irrthum zu schützen, denn er würde damit gerade die Erreichung des Zwecks beim echten Vergleiche vernichten, der ja gerade den Irrthum ausschließen will, den der Richter auf jeden Fall bei jedem Thatbestande auf Seiten der einen Partei sicher constatirt. Irrthum im Motiv muß beim echten Vergleiche gleichgiltig sein.

Wir haben nun an den Stellen selbst zu prüfen, ob und welche positiven Satzungen wir bei dieser Lehre in den Quellen finden. Es scheint gerathen, eben die wichtige Stelle voran zu setzen, welche Windscheid für seine Behauptung anführt (loc. cit. Seite 567, Anm. 4), nämlich l. 42 Cod. h. t.: si ex falsis instrumentis transactiones vel pactiones initae fuerint, quamvis iusiurandum his interpositum sit, etiam civiliter falso revelato eas retractari praecipimus, ita demum ut, si de pluribus causis vel capitalis eaedem pactiones seu transactiones initae fuerint, illa tantummodo causa vel pars retractetur, quae ex falso instrumento composita convicta fuerit, aliis capitulis firmis manentibus, nisi forte etiam de eo, quod falsum dicitur, controversia orta decisa sopiatur.

Meiner Ansicht nach spricht die Stelle vom unechten Vergleiche. Wenn unechte Vergleiche oder Verträge durch falsche Urkunden veranlaßt sind und die Fälschung sich herausstellt, so sollen sie wieder aufgehoben werden können; wenn aber der Vergleich über mehrere Punkte geschlossen ist, soll nur der Theil aufgehoben werden, welcher in Folge der Fälschung zu Stande kam. Bei derartigen Punktensachen werden Auseinandersetzungen leicht vorkommen.

Soll aber ein Streit beendet werden, liegt also ein echter Vergleich vor, und behauptet die eine Partei, die Urkunde sei falsch, die andere, sie sei richtig, beide geben aber nach, so ist der Irrthum des Motivs hier ohne Einfluß.

Windscheid meint dagegen, die Urkunden hätten hier im ersten Theil unserer Stelle eine Voraussetzung des Streites gebildet. Ich lege den Ton auf: „controversia orta decisa", erst am Schlusse ist von einem Streit die Rede.

Risch sieht in der citirten Stelle eine Ausnahme, und sicher ist eine solche in der Stelle enthalten, aber nur insofern, als eben die Anfechtbarkeit des Rechtsgeschäfts wegen eines Irrthums im Motiv ja stets als positive Satzung hingestellt werden muß, auch beim unechten Vergleiche, darum berufen sich die Gesetzgeber hier nicht auf Regelrecht mit „constat" und „juris manifesti est", sondern sagen: eas retractari praecipimus (loc. cit. Seite 221, Anm. 12). Risch meint aber irrthümlich, daß es im Interesse der Sicherheit des Rechtsverkehrs gelegen sei, Mittel zu bieten, um allen Nachtheilen, welche für Jemanden aus einer so höchst gefährlichen Verfälschung der Wahrheit entstehen möchten (auch wenn dieselbe nicht von der gegenüberstehenden Seite ausgegangen ist), zu begegnen. Allein der Schluß unserer Stelle sträubt sich entschieden gegen die Constatirung dieses von Risch aufgestellten rechtspolitischen Motivs.

Warum soll denn diese Anfechtung dann cessiren, wenn die Frage der Echtheit oder Unechtheit selbst unter den Parteien vergleichsmäßig beigelegt worden ist? Wäre die ratio legis richtig, so müßte sie entschieden auch in diesem Falle zutreffen, dann dürfte man sich auch nicht eben über die Frage nach der Echtheit vergleichen, die Fälschung müßte den Vergleich aufheben, denn die Partei, welche Echtheit behauptet, wäre in der Rechtssicherheit des Verkehrs verletzt.

Unsere Stelle spricht nicht von dem Falle, wo die Parteien gar keine Urkunden voraussetzen. Windscheid macht meines Wissens zuerst, von seinem Standpunkte aus, geltend, daß der Vergleich auch ange= fochten werden könne wegen Wirklichkeit von Thatsachen, deren Nicht= vorhandensein bei demselben vorausgesetzt wurde. Er nennt den Fall, wenn Jemand sich über eine von ihm vorgebrachte Einrede ver= glichen hat, und er hinterher eine andere Einrede entdeckt (loc. cit. Seite 567, Anm. 4). Er berührt damit das äußerst schwierige Gebiet von den negativen Größen in der Rechtswissenschaft, die hier wie überall in der Welt der Construction scheinbar widerstreben.

Das Nichtwissen einer Thatsache, hier z. B. einer Einrede, darf nicht mit einer Vorstellung negativen Inhalts, daß die Einrede nicht vorhanden sei, verwechselt werden; die letztere ist error, denn ein ver= neinendes Urtheil ist ein Urtheil (Zitelmann loc. cit. Seite 322). Mithin ist dieser error beim unechten Vergleiche von Bedeutung, beim echten ohne Belang. Es ist gleichgiltig, ob eine sich im Streite vergleichende Partei von der Vorstellung ausging, eine Urkunde sei nicht vorhanden. Kann aber nun die Thatsache, daß eine bestimmte Vorstellung, z. B von einer Urkunde, einer Einrede, fehlt, Motiv sein? Ich verweise auch hier auf die neueren scharfsichtigen Untersuchungen Zitelmanns loc. cit. Seite 331 ff. Logisch kann gewiß aus Nichts auch Nichts werden. Aber mit Recht verweist Zitelmann hier auf das auch von mir früher behandelte Gebiet der Verursachung durch Unterlassung. „Sobald als die Ursachen eines Geschehens solche That= sachen ins Gesichtsfeld gerückt werden, welche erfahrungsmäßig combinirt mit andern Thatsachen vorzukommen pflegen, durch welche sie in ihrer Wirksamkeit gehemmt werden, sodaß also der Nichteintritt der bewirkten Thatsache als das Normale erwartet wurde, sagt die getäuschte Er= wartung: Die Abwesenheit der hemmenden Thatsache war Ursache des Eintritts der Wirkung" (loc. cit. Seite 334 f.). Und darum kann „die ignorantia als gleichwerthig dem wirklichen Motiv in Be= tracht kommen, einmal bei einer positiven Handlung dann, wenn das Vorhandensein der richtigen Vorstellung diejenigen Motive, welche wirklich zum Handeln geführt haben, gehemmt oder abgelenkt, also, wie man zu sagen pflegt, das Unterlassen der begangenen Handlung zur Folge gehabt hätte (ignorantia als Abwesenheit eines möglichen Gegenmotivs), und ferner bei einer Unterlassung dann, wenn das Vorhandensein der richtigen Vorstellung Motiv zur Handlung gewesen wäre (ignorantia als Abwesenheit eines möglichen Motivs)" (loc. cit. Seite 338). Diese Fälle sind aber entschieden zu beschränken auf die Fälle „der getäuschten Erwartung", da sonst der Ursachenbegriff ver= flüchtigt würde (loc. cit. Seite 335). Liegt ein Fall der getäuschten

Erwartung vor, d. h. nach meiner Ansicht, treibt mich mein Schluß=
vermögen zu einem Schlusse nach der Erfahrung, so spricht das Leben
wie die Jurisprudenz von einem Motiv trotz der Nichtigkeit der
ignorantia. Aber dazu bedürfen wir nicht, wie Zitelmann anzudeuten
scheint, der „Regel des Lebens" von Bars! Ich verweise in Betreff
dieser auf meine Commissivdelicte durch Unterlassung, zweite Auflage,
Seite 27 ff.; cf. Zitelmann Seite 241 loc. cit. und Seite 325.
Nicht „die Majorität der anderen menschlichen Beobachter" entscheidet
über das Vorhandensein der getäuschten Erwartung, nein, der Richter
urtheilt nach seinem Schlußvermögen und nach seiner Erfahrung.
Der Hinweis auf Lotzes Logik zeigt übrigens, daß auch Zitelmann
von Bars „Regel des Lebens" keineswegs acceptirt.

Eben darum, weil der Richter hier mit Wahrscheinlichkeiten
rechnen muß, mehr wie anderwärts, ist große Vorsicht in der
Praxis geboten; es kann hier sehr leicht zu Trugschlüssen kommen,
cf. Zitelmann Seite 339.

Liegt aber der Zwang zur logischen Schlußfolgerung beim Richter
vor, so ist auch in diesen Fällen der Irrthum im Motiv beim un=
echten Irrthum relevant, beim echten Irrthum aber irrevant, denn er
steht jedem anderen Irrthume gleich.

Gleich hier ist zu bemerken, daß sehr wohl die ignorantia auch
einen Irrthum im Bewußtsein oder in der Absicht erzeugen kann,
und dann ist der Vergleich natürlich nichtig.

Wir haben nun nach der Prüfung der Karbinalstelle die
anderen Stellen zu betrachten und uns zu fragen, einmal, ob etwa
anderwärts der Irrthum im Motiv auf den unechten Vergleich keinen
Einfluß übt, oder ob er irgendwo auf den echten Vergleich einen
Einfluß üben soll; wir werden sehen, daß beide Fälle nicht aufzu=
finden sind, so dunkel auch immerhin noch heute hier manche Stellen
uns erscheinen mögen.

Zunächst ist von großer Wichtigkeit die l. 65 § 1 D. 12, 6:
Et quidem, quod transactionis nomine datur, licet res nulla media
fuerit, non repetitur; nam si lis fuit, hoc ipsum, quod a lite
disceditur, causa videtur esse. Im Falle des echten Vergleichs liegt
der Grund für das Geben in der gegenwärtigen causa der Streit=
vermeidung, man läßt von der Klage nicht ab und leistet nicht Etwas,
weil man dies und das voraussetzt, worin man sich irren kann, sondern
man will sich von dem Prozesse oder der Furcht vor dem Prozesse
befreien, von der Gewißheit, daß der Richter bei dem Einen oder
dem Andern einen error constatirt, und damit von der gewissen
Ungewißheit des einen Theils, die schon jetzt vorhanden ist; si lis

fuit, hoc ipsum quod a lite disceditur, causa videtur esse. Was bedeutet hier das Wort causa? Zunächst schlechtweg den Grund der Leistung. Der Umstand quod a lite disceditur ist Grund und Ursache des Willensaktes, „das also, was den Willen aus seiner Unbewegtheit aufschreckt und in Bewegung setzt", das Motiv (Zittelmann Seite 108). Es ist hier aber an die Bedeutung des Wortes causa in der Lehre von den condictionen zu denken, welcher die Stelle entnommen ist. Nicht eine in der Vergangenheit liegende wahre oder unwahre Thatsache ist der Grund des Nachlasses, keine causa praeterita, sondern eine causa praesens, der bestehende oder schon jetzt drohende Prozeß. Daß unsere Stelle nicht von dem unechten Vergleiche spricht, ist gewiß. Interessant ist es aber, daß das Wort transactio ohne Weiteres in dem Sinn des echten Vergleichs gebraucht wird; ich bin der Ansicht daß sich die Lehre vom echten Vergleiche früher ganz einheitlich entwickelte, und daß erst bei der Zusammenstellung rein äußerlich die Lehre vom unechten Vergleiche mit herein gezogen wurde. Bei diesem fehlt es an der causa praesens, dem lis oder timor litis; die causa ist hier eine futura, die einstige zweifelhafte Klarlegung des Irrthums des Einen; hier macht nicht der Streit und die richterliche Entscheidung diese einstige Erklärung des Irrthums der einen Partei unvermeidbar und schon jetzt gewiß.

Nicht von geringer Bedeutung ist auch für unsere Theorie der Umstand, daß es gar nicht erforderlich ist, daß der streitige Anspruch in Wirklichkeit besteht (cf. Brinz loc. cit. Band 1 Seite 383). Dies wird bewiesen einmal durch die eben citirte Stelle: licet res nulla media fuerit, dann aber auch durch l. 2 Cod. h. t.: quum te proponas cum sorore tua de hereditate transegisse, et ideo certam pecuniam ei te debere cavisse, et si nulla fuisset quaestio hereditatis, tamen propter timorem litis transactione interposita, pecunia recte cauta intelligitur. Es handelt sich nur um die praesens causa von timor litis und um die gegenwärtige Möglichkeit, daß der Richter den Irrthum der einen Partei constatirt; es ist gleichgültig, ob er etwa ausgesprochen hätte, daß der Streit nicht bestand, und daß im obigen Fall die Schwester nichts verlangen kann; in der Gegenwart war dies eben für den Bruder zweifelhaft (cf. auch Nisch Seite 65, Anm. 3). Ist es nun nicht wesentlich, daß der Streit eine „reelle lis" ist, genügt eine „potenzielle lis", so ist gar nicht abzusehen, welchen Einfluß der Irrthum im Thatbestande des Streites haben sollte, da auch ohne jeden reellen Thatbestand, also in einem viel umfassenderen Irrthumsfalle, dieser Irrthum nicht auf den Vergleich einwirkt. Wiederum folgt aus den Stellen wie aus der Natur der Sache, daß diese Sätze für den unechten Vergleich nicht gelten, bei dem weder von lis noch von timor litis die Rede ist. Unrichtig ist es darum, wenn Brinz beide Arten des Vergleichs unter dieselben Regeln bringen will (loc. cit. Seite 183). Wer ein angebliches Rentenvermächtniß mit einer Pauschsumme ablösen will, ohne Streit zu haben oder zu fürchten, bei dem liegt nur die causa praeterita des Rentenvermächtnisses für seinen Willen vor, keine causa praesens; erweist sich daher das Rentenvermächtniß hinterher als nichtig, so kann er gewiß die Pauschsumme zurückfordern; ein Verbot findet sich in den Quellen nicht, es ist vielmehr die Norm dafür klar in der oben genannten Kardinalstelle gegeben. Auf die causa praesens und ihre Bedeutung beim echten Vergleiche wird übrigens von den Römern selbst genugsam hingewiesen; ich nenne nur l. 16 Cod. h. t., l. 20 Cod. h. t., l. 10 i. f. Cod. h. t.: Nullus etenim erit litium finis, si a transactionibus bona fide interpositis coeperit facile discedi.

Die vielfach citirte l. 12 i. f. D. h. t. (non est ferendus, qui generaliter in his, quae testamento ei relicta sunt, transegerat, si postea causetur de eo solo cogitasse, quod prima parte testamenti, ac non etiam quo posteriore legatum sit. Si tamen postea codicilli proferuntur, non improbe mihi dicturus videtur, de eo dumtaxat se cogitasse, quo illarum tabularum, quas tunc noverat, scriptura contineretur), welche Dernburg für seine Ansicht citirt (loc. cit. Seite 286), sagt, wie Windscheid m. E. richtig ausführt, nur, daß der Vergleich nicht auf einen anderen als den gemeinten Anspruch bezogen werden dürfe, und spricht nicht von der Anfechtung des Vergleichs (cf. Brinz, Seite 384 Anm. 25). Die ignorantia schließt in diesem Falle das Bewußtsein aus, sie ist hier nicht Motiv! Die ebenfalls viel citirte l. 36 D. fam. erc. 10, 2 weisen Windscheid und Brinz an den angeführten Orten mit Recht ab, weil sie gar nicht von einem Vergleiche redet. Es handelt sich hier m. E. um eine außergerichtliche Auseinandersetzung der Erben; hier soll dem wirklichen Erben die Condiction gegen denjenigen zustehen, dem er Sachen gegeben hat, weil er ihn fälschlich für einen Miterben hielt. Demnach spricht die Stelle gewiß von keinem echten Vergleiche, wohl aber von einem unechten. Aus dem ganzen, schroffen Gegensatze des Anfanges und des Schlusses folgt, daß am Schluß weder an lis noch an timor litis gedacht ist, in diesem Falle aber macht sich der Irrthum bei der Auseinandersetzung und beim unechten Vergleiche geltend. Damit wäre also wieder unsere Theorie nur bestätigt.

Mehr Schwierigkeiten bereitet l. 3 § 1 D. h. t., die Windscheid loc. cit. dahingestellt sein läßt. Die Stelle lautet: quum transactio propter fideicommissum facta esset, et postea codicilli reperti sunt, quaero an quanto minus ex transactione mater defuncti consecuta fuerit, quam pro parte sua est, id ex fideicommissi causa consequi debeat? Respondit, debere.

Meines Erachtens kann man einmal annehmen, daß es sich hier um einen Irrthum in der Absicht handelt, dann aber, und das scheint mir noch richtiger zu sein, daß hier ein Fall des unechten Vergleiches vorliegt. Risch stellt mit Unrecht l. 9 § 3 D. h. t. daneben (loc. cit. Seite 120 Anm. 15). Diese Stelle spricht von einer Klage und darum von einem echten Vergleiche. Sie sagt mit Recht, daß man nur über das sich vergleichen kann, wovon man zur Zeit der Klage Kenntniß hatte; Streite, die man noch gar nicht kennt, kann man auch nicht zu beendigen beabsichtigen. Von einem Irrthum im Motiv ist hier keine Rede, denn der error berührt nicht die Voraussetzungen des Streites, sondern den Streit selbst.

Eine andere, hierher gehörige Stelle ist die l. 29 C. h. t.: sub praetextu specierum post repertarum generali transactione finita rescindi, prohibent jura. Error autem circa proprietatem rei, apud alium extra personas transigentium tempore transactionis constitutae, nihil potest nocere. Mit Recht führt Brinz diese Stelle dafür an, daß durch den Vergleich die Berufung auf den Irrthum abgeschnitten werde; indessen ist hinzuzufügen, durch den „echten" Vergleich, denn die Stelle spricht von einem Streitfalle (rescindi). Sowohl wenn beide Parteien, als wenn eine sich in einem Irrthum befand, ist derselbe gleichgiltig, so lange er nur das Motiv berührt (A. M. Risch loc. cit. Seite 161 Anm. 9). Desgleichen spricht für meine Ansicht die ebenfalls von Brinz citirte l. 6 Cod. 1, 18: si non transactionis causa, sed indebitam, errore facti, olei materiam vos Archantico stipulanti spopondisse rector provinciae animadverterit, reddito, quod debetis; residui liberationem condicentes audiet. Auch Irrthum über Urkunden ist beim echten Vergleiche ohne Einfluß, l. 19 Cod. h. t. Am schärfsten wird diese Einflußlosigkeit unter ebenso scharfer Abgrenzung des echten Vergleiches betont durch l. 24 Cod. h. t. (sine litis decisione confessa). Timor litis oder lis bildet eben hier überall die causa transactionis (l. 2 Cod. h. t.). Zu vergleichen sind noch l. 78 § ult. Dig. 36, 1 (si non transactum esset) sowie l. 23 Cod. h. t.

§ 18.

Die Aufhebung des Vergleiches durch gegenseitige Einwilligung.

Da das Zweckgeschäft des Vergleiches durch einen zweiseitigen Vertrag geschlossen wird, so unterliegt es keinem Zweifel, daß es auch durch beiderseitige Einwilligung wieder aufgelöst werden kann. Für das heutige Recht kann die Theorie der Innominatcontracte und das Neurecht nicht in Betracht kommen. Wir haben daher an dieser Stelle nur deshalb einen Blick auf die Streitfrage, ob hier das Neurecht gilt, zu werfen, weil sich auch hier wieder ein Unterschied zwischen dem echten und dem unechten Vergleiche zeigte.

Bei dem echten Vergleiche fiel das jus poenitendi fort, weil die Absicht, durch Vergleich den Streit zu beenden, eben eine bindende sein sollte, sobald sie erklärt war, cf. l. 39 Cod. h. t. „quamvis eum, qui pactus est, statim poeniteat, rescindi transactio et lis instaurari non potest, et qui tibi suasit, intra certum tempus licere a transactione recedi, falsum asseveravit. Beim unechten Vergleich liegt dieser Grund und das Verbot nicht vor. Selbstverständlich genügt heute für die Aufhebung des Vergleiches ein formloser Vertrag.[44])

§ 19.

Kann der Vergleich wegen Verletzung über die Hälfte angefochten werden?

Die in der Ueberschrift genannte Frage kann nur dann auftauchen, wenn man die l. 2 Cod. 4, 44 und die l. 8 i. f. analog dem Kaufe auch auf andere gegenseitige Rechtsgeschäfte anwendet und sich einer behaupteten Praxis fügt. Diese Praxis wird m. E. nicht zu leugnen sein (cf. die Entscheidungen bei Windscheid II, § 396 Anm. 10). Und so kann es sich nur fragen, ob der Vergleich seiner Natur nach eine analoge Anwendung der laesio enormis verbietet? Risch ignorirt mit Puchta die Praxis zu Unrecht (loc. cit. Seite 234).

Es wird nun in l. 78 § ult. D. 36, 1 sogar einer laesio usque ad quadruplum jeder Einfluß auf den Vergleich abgesprochen. Wird hier ein Unterschied zwischen dem echten und unechten Vergleiche gemacht? Gewiß, denn die Stelle spricht von der Beilegung eines Streites oder einer Furcht vor demselben durch den Erben („qui

---

[44]) Ueber Römisches Recht cf. Risch loc. cit. S. 211.

rogatus erat"). Für den echten Vergleich kann die laesio enormis nie in Frage kommen, weil man eben den ungewissen Streit meiden will und Niemand sagen kann, wie viel man zur Beseitigung dieser Ungewißheit geben würde.

Dagegen scheint dem nichts entgegen zu stehen, die laesio enormis beim unechten Vergleiche wirken zu lassen, denn bei ihm fehlt das durchaus unschätzbare Interesse an der Beseitigung eines Streites.

Wir wollen das an Thibauts Beispiel zeigen (Versuche, Band II Abth. XI), welches auch Holzschuher wieder aufnimmt (Band 3 Seite 967). A. besitzt ein Pferd, welches 70 Thaler werth ist, B. macht Ansprüche auf dasselbe, und A. findet ihn damit ab, daß er ihm dagegen eine Uhr giebt, welche er zu 50 Thalern taxirt. Die Uhr ist aber, wie er nachher erfährt, 300 Thaler werth. A. kann meiner Ansicht nach keine laesio ultra dimidium fordern, weil er den Zweck verfolgte, den Streit zu beenden, und Niemand taxiren kann, welchen Werth diese Beendigung gerade für ihn hatte. Formuliren wir aber das Beispiel einmal nach dem unechten Vergleiche gemäß l. 11 Cod. 2, 4. Zwei Brüder vergleichen sich über das vom Vater ihnen gegenseitig auf den Fall, wenn der eine ohne Kinder verstorben sein werde, auferlegte Fideicommiß. Der Eine giebt einen Gegenstand, den er für geringer hält, als das Fideicommiß Werth hat, der es aber dann um das Doppelte übersteigt. Hier ist es ja auch ungewiß, ob der Bruder das Fideicommiß erhalten wird, aber der Zweck ging nicht auf Beseitigung eines Streites; die Ungewißheit und das Interesse an ihrer Lösung läßt sich hier abschätzen, und daher darf man m. E. die laesio enormis analog hier anwenden.

B.

Die Lehre vom Vergleiche nach Preußischem Recht.

§ 1.
Einleitung.

Nach der Betrachtung des Vergleiches nach Römischem Rechte erscheint heute bei den obwaltenden Verhältnissen unserer Deutschen Gesetzgebung der Wunsch begründet, diese Lehre auf ihre Brauchbarkeit für das neue Gesetzbuch hin zu prüfen. Indessen erschien es mir, bevor ich an diese schwierige Frage herangehe, praktisch, einmal die Normen des Vergleiches nach einem neueren Gesetzbuch zu vergleichen, und dazu schien mir um seiner Bedeutung willen das Preußische Recht am geeignetsten zu sein. Hierbei wird man sich streng davor hüten müssen, daß nicht, wie es öfter geschieht, Römische Ansichten der Preußischen Rechtsnorm aufgedrängt werden, die in derselben nicht ausgedrückt werden sollten, ja an die man bei der Aufstellung der Norm nicht im Entferntesten gedacht hat.

§ 2.
Die Stellung des Vergleiches im Systeme.

Der Vergleich hat im Preußischen Landrecht seine Stelle im sechszehnten Titel, welcher von den Arten handelt, wie Rechte und Verbindlichkeiten aufhören, und zwar handelt von ihm daselbst der achte Abschnitt (§§ 405 ff.). Förster-Eccius behandelt ihn darum unter der „Veränderung der Schuldverhältnisse", und zwar als Veränderung in dem Gegenstande in Folge beiderseitigen Willens. Der Vergleich hat auch nach dem Preußischen Landrechte seine Stelle nicht neben dem Urtheile. Er bleibt hier wie dort ein Vertrag! Er läßt nicht, wie das Erkenntniß, das objektive Recht „erkennen", sondern setzt vertragsmäßig fest, was jeder an seinem vermeintlichen objectiven Rechte nachgeben will, um die Ungewißheit zu beenden; das letztere ist sein Zweck, und er ist darum ein Zweckgeschäft, welches mit dem verschiedensten Inhalte materiell ausgefüllt werden kann.

Dernburg behandelt ihn im allgemeinen Theile unter dem „Inhalt des Geschäftes", neben dem Anerkenntniß. Er sagt aber selbst, daß Entsagung und Anerkennung nur Mittel sind, welche den Vergleichsschließenden zu Gebote stehen und einen besonderen Charakter dadurch gewinnen, daß sie dem Vergleichszwecke dienen. Ich bin aus den in § 5 des ersten Theiles angegebenen Gründen auch für das Landrecht der Meinung, daß der Vergleich in dem speziellen Theile des Obligationenrechts zu besprechen ist. Dernburg meint, der Vergleich habe eine allgemeine Aehnlichkeit mit dem Urtheil, da er, wie dieses, bestrittene Rechte zur Anerkennung bringe. Dieser Gedanke soll nach ihm im neueren Rechte hinsichtlich der über rechtshängige Gegenstände vor einem Deutschen Gericht wie auch der vor bestimmten Behörden geschlossenen Vergleiche eine bestimmt greifbare Gestalt gewonnen haben. Allein die Zulassung der Zwangsvollstreckung hat hier einen anderen Charakter, und ihr Grund liegt, wie später zu zeigen ist, nicht in der angeblichen Aehnlichkeit des Vergleiches mit dem Urtheile. Mit Recht sagt Förster-Eccius: „Der Vergleich bleibt ein Vertrag, und er geht nicht auf Feststellung des gesetzlich Richtigen, sondern auf Feststellung durch den Willen des Nachgebens und Nachlassens und kraft dieses Willens." (loc. cit. 5. Auflage Band 1 Seite 697.)

Der Vergleich ist Zweckgeschäft, wie im ersten Theile ausgeführt ist, auf den ich hier überhaupt verweise, um mich nicht zu wiederholen. Irrig nennt ihn Medem ein „accessorisches" Rechtsgeschäft; mit Recht hebt er selbst hervor, daß er sich von den übrigen accessorischen Rechtsinstituten, Anerkenntniß, Verzicht ꝛc., dadurch unterscheide, daß bei ihm stets Leistungen von beiden Seiten vorausgesetzt werden. Der Vergleich ist als onerofer, selbstständiger Vertrag niemals accessorisch, wenn es auch die auch bei ihm vorkommenden Mittel: Verzicht oder Anerkenntniß, sein können. Mit Recht sagt Bähr bei der Vergleichung des Anerkenntnisses mit dem Vergleiche, daß auch Letzterer seinen Stoff einem bereits bestehenden Rechtsverhältnisse entnehme und daher eine gewisse formelle Natur habe; er erkennt aber das Eigenthümliche des Vergleiches: die zwei correspondirenden Verpflichtungsacte (die Anerkennung als Verpflichtungsgrund, Seite 128 § 32). „Der Vergleich beruht auf

Gegenseitigkeit, während die Anerkennung jederzeit ihre streng einseitige Natur bewahrt" (S. 183). Eben hierdurch sind aber meines Erachtens beide Institute streng geschieden und nicht mit einander verwandt, wie Bähr annimmt.

§ 3.

Der Begriff des Vergleichs.

Nach der Definition des Landrechts sind Vergleiche „Verträge, durch welche die Parteien die bisher unter ihnen streitig oder zweifelhaft gewesenen Rechte dergestalt bestimmen, daß wechselseitig Etwas gegeben oder nachgelassen wird." Es ist mit Medem (loc. cit. Seite 660) zu sagen, daß diese Definition auch nach Römischen Anschauungen das Wesen des Instituts trifft. Für nicht zutreffend halte ich Dernburgs Definition: „Vergleich ist eine Verständigung, durch welche man sich zu Zugeständnissen an eine Gegenpartei versteht, um weitergehende Ansprüche, welche von deren Seite erhoben werden könnten, abzuschneiden." Es fehlt hier die Betonung des wechselseitigen Gebens und Nachlassens, die in den Begriff des Vergleichs unbedingt gehört; Bähr nennt es mit Recht „ein sich Einigen mittelst gegenseitigen Nachgebens" (loc. cit. Seite 128). Dieses sich Einigen erfolgt zwischen den Parteien über die streitige oder zweifelhafte Leistung. Durch die Worte „streitig oder zweifelhaft" scheinen die Autoren des Landrechts anzudeuten, daß sie den von uns aufgestellten, im Römischen Rechte bestehenden Unterschied zwischen dem echten und dem unechten Vergleich auch auf das Landrecht übertragen wollen. Indessen werden für beide Arten hier die gleichen Normen gegeben, und wir würden bei der Klarheit derselben etwas Fremdes in das Landrecht hineininterpretiren, wenn wir den für den ersten Theil der Abhandlung aufgestellten Unterschied hier beibehalten wollten. Die Unsicherheit kann darin bestehen, daß die Leistung streitig, oder darin, daß sie zweifelhaft ist; streitig ist sie nicht nur bei vorhandener lis, sondern auch bei vorhandenem timor litis; es ist durchaus nicht nothwendig, daß eine Klage begründet werden kann, wenn sie nur subjectiv gefürchtet wird. Zweifelhaft ist eine Leistung auch, wenn ihr Umfang nicht übersehen werden kann, oder wenn sie zwar selbst sicher, aber der Schuldner unsicher ist (Striethorst, Band 49 Seite 326).

Eine Trennung des echten und des unechten Vergleichs ist natürlich auch in der Preußischen Praxis zu spüren; hat sich doch dieselbe in der Civilprozeßordnung jetzt in der eclatantesten Weise vollzogen. Allein diese Anforderung kann im materiellen Recht besser de lege ferenda erörtert werden. Dies soll am Schlusse unserer Abhandlung geschehen.

Förster=Eccius citirt die Ansicht des R. O. H. G. I. Nr. 66, wonach der Begriff des Vergleichs dadurch nicht ausgeschlossen wird, daß die Parteien beim gegenseitigen Geben und Nachlassen noch besondere neue Verpflichtungen verabreden, die dann unter ihren eigenen Regeln stehen. Hierin ist dem R. O. H. G. zuzustimmen; aber das Geben und Nachlassen muß sich stets auf das alte Rechtsverhältniß beziehen; die Ungewißheit dieses Rechtsverhältnisses will der Vergleich beseitigen, nicht aber will er an Stelle desselben ein ganz neues Rechtsverhältniß setzen. „Setzen die Parteien an die Stelle eines zweifelhaften Verhältnisses bewußt ein anderes, neues, so ist das kein Vergleich mehr." Meines Erachtens deshalb nicht, weil es sich nicht mehr um ein Nachgeben an dem alten Rechte handelt, wie es in der gesetzlichen Definition des Landrechts verlangt wird. Vergleiche sind danach Verträge über zweifelhaft oder streitig gewesene Rechte, diese Rechte werden dadurch bestimmt, daß wechselseitig Etwas gegeben oder nachgelassen wird. Bestimmen die Parteien, daß das alte ungewisse Rechsverhältniß beseitigt werden, daß z. B. an Stelle eines streitigen Miethsvertrags ein unstreitiger Kauf treten soll, so wird nicht das streitig gewesene Recht bestimmt, sondern es wird aufgehoben, und durch ein neues ersetzt. Ein solcher Vertrag ist nach dem Landrecht kein Vergleich, und es ist unrichtig, wenn Dernburg sagt, daß man vergleichsweise ein neues, der Gegenpartei erwünschtes Geschäft an die Stelle des alten beanstandeten Rechtszustandes setzen könne. Mit Unrecht bezieht sich Dernburg auf Römische Stellen (Anm. 3 Seite 180 loc. cit.), mit Unrecht geht Eccius auf diese hier ein. Die ganze Polemik ist lediglich nach dem Texte unseres Landrechts zu entscheiden.

Nach diesem Texte kann der Gegenstand der Leistung geändert werden, es kann Geld an Stelle eines Grundstücks versprochen werden ꝛc. Denn hierdurch wird nichts an dem ungewiß gewesenen Rechte verändert. Nimmermehr aber kann nach dieser klaren Definition ein Vergleich noviren, eine Norm, welche durch §§ 446, 449 loc. cit. unterstützt wird. Was ist denn auch schließlich damit, wenn Dernburg meint, daß das neue Geschäft bezüglich der Begründung und der Wirkung den ihm eigenthümlichen Regeln unterliegen, anders gesagt, als daß die Regeln des Vergleichs hier nicht gelten? „Das neue Geschäft" ist es, welches novirend abgeschlossen wird. Mit dem Begriffe der Novation aber läßt sich der Begriff des Vergleichs niemals vereinen, cf. L. R. 1. 16 §§ 446, 449, Dernburg S. 181 Anm. 7.

§ 4.

Die persönliche Fähigkeit, Vergleiche zu schließen.

Der Vergleich ist ein lästiger Vertrag, und darum kann Jemand auf Vergleiche sich einlassen, soweit er lästige Verträge zu schließen fähig ist; cf. § 406 I. 16 A. L. R. Demnach ist nöthig, die allgemeine Handlungsfähigkeit und die Fähigkeit, die durch den Vergleich aufzugebenden Rechte zu veräußern und die einzugehenden Verpflichtungen zu übernehmen resp. sich versprechen zu lassen (Medem loc. cit. S. 672). Nach der neuen Vormundschaftsordnung ist der Vormund zu Vergleichen über Ansprüche des Mündels berechtigt. Er bedarf jedoch für den Abschluß eines Vergleichs dann der Genehmigung des Vormundschaftsgerichts, wenn der Gegenstand des Vergleichs den Betrag von 300 Mark übersteigt oder wenn derselbe unschätzbar ist, V. O. § 42, 8. Unschätzbar ist der Gegenstand des Vergleichs, wenn er keine vermögensrechtliche Natur hat oder in Folge der äußeren Umstände nicht abgeschätzt werden kann. Dagegen ist es nicht richtig, mit Dernburg (Vormundschaftsrecht, § 64 Anm. 10) anzunehmen, daß ein „wirklicher Vergleich" für den Vormund nur dann vorhanden sei, wenn unter Aufgeben von Prätentionen auf beiden Seiten ein zweifelhafter Anspruch festgestellt wird. Da im Landrecht der echte Vergleich von dem unechten nicht unterschieden wird, brauchen „Prätentionen", d. h. lis oder timor litis, nicht vorzuliegen, es genügt, daß der Anspruch zweifelhaft ist, und das kann die Höhe der Remission eines Pachtzinses sein, welche der Pächter zu beanspruchen hat. Der Betrag von 300 Mk. ist nach dem Betrage des ungewissen Rechts zu bemessen; dieses ist der Gegenstand, um den es sich handelt. Läßt der Vormund von 300 Mk. 1 Mk. nach, so ist die Genehmigung erforderlich; cf. Förster-Eccius loc. cit. S. 697 Anm. 6. Ist ein Prozeß anhängig, so kann es sich fragen, ob der Vormund zum Abschluß des gerichtlichen Vergleichs noch der Genehmigung des Vormundschaftsgerichts bedarf, denn nach § 52 der C. P. O. sind einzelne Prozeßhandlungen, zu welchen nach den Vorschriften des bürgerlichen Rechts eine besondere Ermächtigung erforderlich ist, ohne dieselbe gültig, wenn die Ermächtigung zur Prozeßführung im Allgemeinen ertheilt oder die Prozeßführung auch ohne eine solche Ermächtigung im Allgemeinen statthaft ist. Allein ein Vergleich ist keine Prozeßhandlung, er liegt außerhalb der Prozeßführung, denn er will ja den Streit nicht durch prozessuales Handeln, sondern durch einen onerosen Vertrag beendigen (cf. für das gemeine Recht Wetzell § 10 S. 82, sowie Wilmowski und Levy C. P. O. § 52 Anm. 2, Förster-Eccius

loc. cit. S. 697 Anm. 6). Darum bedarf es auch hier der Ge=
nehmigung des Vormundschaftsgerichts. Der letzte Zweifel barüber,
ob der Vergleich eine Prozeßhandlung ist, schwindet durch § 77 der
C. P. O., in welchem abgetrennt neben den Prozeßhandlungen der
zur Beseitigung des Rechtsstreits dienende Vergleich benannt wird.
Prozeßhandlung und Vergleich sind nicht nur nicht verwandt, sondern
sind Gegensätze! Wird dagegen ein Schiedsvertrag oder ein anderes
ähnliches Geschäft vom Vormund geschlossen, so gelten hier die Normen
des Vergleichs nicht analog, benn nur der Vergleich endet den Prozeß
durch materielles Nachgeben der Partei, und nur darum ist der
Vormund in betreff seiner beschränkt worden.

Ob Jemand für eine juristische Person Vergleiche schließen
darf, läßt sich nur in jedem einzelnen Falle nach dem Grundgesetz
derselben entscheiden. Es muß erforscht werden, was „in dem speziellen
Falle von den Parteien verabredet worden ist, und muß daher das
Suchen nach allgemeinen Principien erfolglos bleiben" (Medem loc.
cit. Seite 673).

Der Mandatar bedarf zum Vergleiche der Specialvollmacht,
cf. §§ 99, 102, 1. 13: „Eine Specialvollmacht ist erforberlich, wenn
über streitige Rechte des Machtgebers ein Vergleich wirklich abgeschlossen
werden soll." Diese Vorschrift erstreckt sich auch auf Vergleiche über
zweifelhafte Rechte.

Dagegen ist heute der Prozeßvertreter auf Grund seiner
Vollmacht berechtigt, Vergleiche zu schließen, wenn ihm nicht dieses
Recht ausbrücklich genommen ist, und zwar muß diese Beschränkung,
um Dritte zu binden, in der Vollmacht aufgenommen oder dem Dritten
bekannt sein; cf. Dernburg loc. cit. Seite 184, Anm. 2 §§ 77, 79
C. P. O. Ist in der Vollmacht eine solche Beschränkung verzeichnet,
so ist der Mandant an Vergleiche seines Prozeßvertreters nicht gebunden,
und ist es dabei gleichgültig, ob der Gegner die Beschränkung kannte.
Daher ist es ihm gestattet und unter Umständen für ihn geboten, sich
die Vollmacht vorlegen zu lassen. Enthält die Vollmacht keine Be=
schränkung, so darf der Vertreter „den Rechtsstreit durch Vergleich be=
seitigen". Natürlich beschränkt sich dies auf die Disposition über den
Streitgegenstand, denn der Bevollmächtigte ist ja nicht Herr des
Vermögens seines Machtgebers. Er darf sich auch streng genommen
nicht zu anderen fungiblen Leistungen, Geldentschädigungen, herbei=
lassen, nur von der im Prozeß geforderten Leistung kann er Etwas
nachlassen, denn über die anderen Leistungen hat er keine Macht!
Anderer Meinung ist Wilmowski und Levy, Anm. 5 zu § 77 der
C. P. O., und wohl auch die Praxis. Zweifellos ist, baß der Prozeß=

bevollmächtigte zum Zwecke des Vergleichs nicht andere Ansprüche
des Vollmachtgebers aufgeben kann; cf. Dernburg Seite 184 loc. cit.
Anm. 2. Wenn er dies nicht kann, darf er aber m. E. auch nicht
andere Leistungen versprechen! Hier wie dort überschreitet er sein
Herrschaftsgebiet.

Dieses Recht des Prozeßbevollmächtigten ruht m. E. auf einer
der unpraktischsten Normen der Civilprozeßordnung. Da ja doch, wie
oben erwähnt, in jedem Vergleichsfalle ein vorsichtiger Anwalt sich
erst die Vollmacht zeigen lassen muß, um zu prüfen, ob sie nicht eine
Beschränkung enthält, ist nicht abzusehen, warum nicht gleich eine
Spezialvollmacht verlangt wird. Es ist eine Illusion, anzunehmen,
daß durch die Norm Vergleiche leicht zu Stande kommen, denn es
wird ja doch meist erst seltens des Anwalts mit der Partei Rücksprache
genommen werden. Das Gesetz verletzt auch den Willen der Parteien;
wer eine Prozeßvollmacht giebt, will durch Urtheil den Prozeß beenden,
nicht durch Vergleich! Und wollte der Anwalt einer Partei ohne
Rücksprache auf Grund des Gesetzes Vergleiche schließen, so würde
diese Partei sich über die ihr ganz fern liegende Norm mit Recht sehr
wundern, denn sie hat sich ja nur dem Urtheil unterworfen, Vergleiche
will sie selbst beurtheilen; andrer Meinung ist Medem loc. cit.
Seite 674, aber zu Unrecht. Für fiskalische Vollmachten ist die Be=
schränkung des § 79 befohlen (Wilmowski und Levy § 79 Anm. 2);
und das abweichende materielle Recht wehrt sich gegen diese Norm
der Civilprozeßordnung nach beiden Rechten ganz entschieden.

Einzelne Prozeßhandlungen, zu welchen nach den Vorschriften
des bürgerlichen Rechts eine besondere Ermächtigung erforderlich ist,
sind ohne dieselbe gültig, wenn die Ermächtigung zur Prozeßführung
im Allgemeinen ertheilt oder die Prozeßführung auch ohne eine solche
Ermächtigung im Allgemeinen statthaft ist (§ 52 C. P. O.). Ein
Vergleich ist, wie erwähnt, keine Prozeßhandlung nach unserer
Theorie. Wilmowski und Levy, welche diese Ansicht theilen, sagen:
„Die meisten Commentatoren rechnen (indeß ohne weitere Begründung)
überhaupt den Vergleich zu den vom § 52 betroffenen Prozeß=
handlungen (loc. cit. Anm. 2 zu § 52)." Indessen trotz dieser
Menge der Gegenstimmen spricht doch § 77 der C. P. O. überzeugend
für unsere Ansicht, wo die Prozeßhandlungen mit Recht durch ein
Semikolon von den Beseitigungen des Rechtsstreits getrennt
sind. Ich verweise jetzt aber auch auf das Urtheil des Reichsgerichts
vom 24. Juni 1887 (II. 76/87), abgedruckt in der Zeitung der
Anwaltskammer im Oberlandesgerichts=Bezirk Naumburg, Nr. 12,
Dezember 1887. Der zweite Senat des R. G. hat verneint, daß

der Vergleich als Prozeßhandlung anzusehen und von der Genehmigung befreit sei. Es heißt dort, „aus § 77 C. P. O. kann nicht gefolgert werden, daß der Vergleich eine Prozeßhandlung sei. Schon die verschiedene Terminologie läßt erkennen, daß der Vergleich nicht als eine den Rechtsstreit betreffende Prozeßhandlung, sondern als ein Vorgang, eine Handlung angesehen wird, welche zur Beseitigung des Rechtsstreits dient." Es wird dann auf die Würtemberger= und die Bayerische Prozeßordnung verwiesen, wonach Vergleiche und Verzichte nicht zu den Prozeßhandlungen gehören. Mit vollstem Recht hebt die Zeitschrift hervor, daß den Bedürfnissen des Verkehrs für den Prozeß genügt ist, wenn in Bezug auf Prozeßhandlungen die besonderen Vorschriften des bürgerlichen Rechts Dritten gegenüber ihre Wirkung verlieren; „eine Ausdehnung des § 52 über den Prozeß hinaus, auf das im bürgerlichen Rechte geregelte Rechtsgeschäft, auf den Vergleich, erscheint um so weniger gerechtfertigt, wenn dies in gleicher Weise für den gerichtlichen, als auch für den im Laufe des Prozesses außergerichtlich abgeschlossenen Vergleich gelten soll." Demnach gilt, wie erwähnt, der § 42 Nr. 8 der Vormundschaftsordnung auch noch für den Prozeßvergleich, und bedarf der Vormund der Genehmigung des Vormundschaftsgerichts, wenn der Gegenstand unschätzbar ist oder die Summe von 300 M. übersteigt. Es bleibt bestehen die von mir betonte Rechtsthatsache: ein oneroser Vertrag ist niemals eine Prozeßhandlung!

§ 5.
Der Gegenstand des Vergleichs.

Den Gegenstand des Vergleichs bildet nach der gemeinen Ansicht das bestrittene oder zweifelhafte Rechtsverhältniß, und eben darin sind seine Eigenthümlichkeiten begründet, daß er ein Privatgeschäft über das Recht selbst ist, sich außerhalb der dem Richter unterliegenden Ordnung stellt. Aber eben weil er das Rechtsverhältniß privatim und nicht durch das auf dem objectiven Rechte ruhende Urtheil regelt, ist nicht das nach diesem objectiv bestehenden Rechte vorliegende Rechtsverhältniß im letzten Grunde sein Gegenstand, sondern die Ungewißheit oder der Streit, welche beseitigt werden sollen, und zu deren Beseitigung das Zweckgeschäft allein dient, so daß sein Begriff in diesem Zwecke aufgeht. Unrichtig ist es darum, wenn Medem sagt, daß ein durch Klage oder Einrede rechtlich begründeter Anspruch vorliegen müsse; es kommt lediglich darauf an, ob die Parteien den Anspruch für streitig oder für ungewiß halten; liegt bei ihnen timor litis vor, so ist ein Vergleich stets denkbar, und es kann niemals von einer ganz bedeutungslosen Er=klärung oder von einer Schenkung die Rede sein (Medem, loc. cit. Seite 663). Es gilt auch für das Landrecht die Entscheidung des Reichsgerichts: „Selbst wenn dem Beklagten keine begründeten Gegen=forderungen zugestanden hätten, der Akt jedoch zu dem Zwecke ab=geschlossen worden wäre, durch Anerkennung der rechtlich nicht begründeten Ansprüche des Beklagten einem künftigen Rechtsstreite vorzubeugen, würde ein rechtsgültiger Vergleich vorliegen." (Bolze, Praxis des Reichsgerichts in Civilsachen, 1. Band, Nr. 880, Seite 192). Es erhellt, von wie großer Bedeutung diese Abweichung von Medems Ansicht für die Praxis ist; nehmen wir an, daß eine Partei auf ein Recht verzichtet und eine andere ihr ein Aequivalent gewährt, um einem Streite vorzubeugen, so hat nach Medem der Richter erst zu prüfen, ob das Recht durch Klage oder Einrede begründet werden kann; ist das nicht der Fall, so ist kein Rechtsschutz für einen Vergleich vorhanden. Nach meiner Ansicht hat dagegen der Richter nur zu prüfen, ob die Parteien durch den Vergleich den Zweck verfolgten, einem Rechtsstreite vorzubeugen, ist dieser Zweck vorhanden, so kommt es auf die Rechtsgültigkeit des vermeintlichen Anspruchs gar nicht an. Nur nach meiner Ansicht verwirklicht der Richter den Willen der Parteien, d. h. ihren Zweckgedanken, denn es giebt keinen Willen ohne Zweck. Erkennt er dagegen dahin, daß ein Vergleich nicht besteht, weil der Anspruch nicht begründet sei, so erkennt er auf etwas nicht Gewolltes. Er darf sich auch nicht der Illusion hingeben, daß ja durch dieses Urtheil nun der künftige Streit vermieden sei, denn timor litis ist nicht beseitigt, und res judicata liegt nicht vor, weil die Klage aus dem Anspruch etwas ganz Anderes ist, als die Klage aus dem Vergleiche; letztere giebt einen „selbständigen Klagegrund"; cf. Bolze loc. cit. Band 4, Nr. 582, Seite 177. Es fragt sich auch, ob die Parteien sich etwa belehren lassen, und ob sie nicht trotzdem später den Prozeß wagen, nachdem ihnen der Richter den Weg des Vergleichs abgeschnitten hat; und vielleicht muß dann dieser selbe Richter später der Klage oder Einrede stattgeben, weil sie nun besser begründet erscheint. Ist dies nicht der Fall, so bleibt die Möglichkeit, daß die Parteien durch die Instanzen gehen. Und damit wäre dann der Zweck des Vergleichs völlig vereitelt! Wer aus einem Vergleiche klagt, wünscht nur die vergleichsweise Beendigung seines Streits aufrecht zu erhalten, um einen künftigen Prozeß zu vermeiden, nimmer aber wünscht er ein Urtheil eines Richters über die Rechtsgültigkeit seines

Anspruchs, das zudem den Streit nicht beendet. Wenn trotzdem diese m. E. abnorme Ansicht noch Vertreter findet, so hat dies seinen Grund in der erstaunlichen Begriffsverwirrung, welche gerade in dieser wenig bearbeiteten Lehre herrscht, vor Allem in der Nebeneinander=stellung zweier Gegensätze, von Vergleich und Urtheil. Leider haben sich weder Dernburg noch Förster=Eccius über die vorstehende, für die Praxis so wichtige Lehre des Näheren ausgesprochen. — Gegenstand des Vergleichs können nur streitige oder zweifelhafte Rechte sein; Dernburg folgert daraus, daß das Landrecht den Satz des römischen Rechts nicht aufgenommen hat, daß Vergleiche gegen den Inhalt eines rechtskräftigen Urtheils nichtig seien, daß nach der Vorschrift des Landrechts die Art der Erfüllung eines rechts=kräftigen Urtheils durch Vergleich näher bestimmt werden kann, und daß die Entsagung eines unstreitigen Rechts gültig sei, wenn sie auch kein Vergleich sei; er verweist auf §§ 408 und 409 1. 16. („Auch die Art der Erfüllung eines rechtskräftigen Urtheils können die Parteien durch Vergleich näher bestimmen.") In der That folgt aus der Fassung der Paragraphen und aus der Weglassung des Römischen Verbots, daß die Dernburgsche Ansicht die richtige für das Landrecht ist (cf. Band 1 Seite 186). Es ist eben nicht verboten, daß die objective Gewißheit den Vergleich ausschließt; es kann bei ihrem Vorhandensein subjektive Ungewißheit vorliegen, welche timor litis und damit den Vergleichszweck begründet; die Klage würde allerdings abgewiesen werden, aber der Streit droht doch, eben weil Kläger ja vom Urtheil nichts weiß. Medem weist mit Recht hierbei noch auf folgende wichtige Eventualitäten hin: Haben die Parteien das Urtheil in den Händen, so sind noch Zweifel über die Auslegung, die Rechtskraft u. s. w. möglich. Ist das Erkenntniß schon zur Exekution gestellt, so kann die Realisation des Anspruchs in Frage stehen. In beiden Fällen ist ein Vergleich möglich, für den letzteren Fall ist zu verweisen auf die Entscheidung des Reichsgerichts bei Bolze, Band 1, Nr. 881, Seite 193. Waltet über das Urtheil und die Vollstreckbarkeit gar kein Zweifel, so ist kein Vergleich möglich, sondern liegt ein pactum remissorium vor (§ 410 1. 16). Cf. Medem loc. cit. Seite 667 Anm. 21. Förster=Eccius lehrt dagegen, „da nur über streitige und ungewisse Rechte verglichen werden kann, so folgt, daß ein durch rechtskräftiges Urtheil bestimmtes Recht durch Vergleich nicht weiter bestimmt werden kann und darf; über die Art der Erfüllung desselben ist ein Vergleich wieder möglich." Er meint in einer Anmerkung, es liege Betrug, Irrthum oder Simulation vor, und könne darum ein Vergleich nicht bestehen (loc. cit. Seite 698). Ich stimme hier Dernburg bei, welcher sagt, „dies ist etwas ganz Anderes als der von Förster formulirte Satz und kann dessen Sinn nicht bilden". (loc. cit. Seite 186 Anm. 7). Der Text lehrt, daß die objective Gewißheit des Anspruchs den Vergleich unmöglich mache!

Rein prozessualischer Natur ist die neuerdings vom Reichsgericht behandelte Frage, ob dann, wenn dem Kläger rechtskräftig die Befugniß zuerkannt war, durch Ableistung des Eides die Entscheidung herbeizuführen, ihm diese Befugniß durch den vom Gegner behaupteten, nach der Rechtskraft des bedingten Endurtheils abgeschlossenen Vergleich entzogen werden kann. Mit Recht wird diese Frage aus prozessualischen, hier nicht zu erörternden Gründen verneint; cf. Entscheidungen, Band 17, Seite 341 ff. Das Reichsgericht betont dabei noch Folgendes: „damit ist nicht ausgeschlossen, daß prozessuale Akte, durch welche die Parteien kraft der ihnen zustehenden Dispositionsbefugniß dem Richter die Befugniß zur weiteren Verhandlung und Entscheidung der Sache entziehen, z. B. die Zurücknahme eines Rechtsmittels in der gesetzlichen Form oder der Abschluß eines die Sache beendigenden Vergleichs vor dem Richter, von maßgebender Bedeutung sein können. Um solche Akte handelt es sich hier aber nicht. Die Behauptung der vergleichsmäßigen Befriedigung des Klägers enthält eine materielle Einrede gegen die Klage." Hierbei ist für uns interessant, daß die Eigenthümlichkeit des echten Vergleichs, wie derselbe nicht im materiellen, wohl aber im Prozeß-Recht heut anerkannt ist, scharf hervortritt und ihn vom unechten Vergleiche abtrennt.

Beim unechten Vergleiche, wo kein Bestreiten eines Anspruchs vorliegt, kann von der Frage nach der Rechtsbeständigkeit überhaupt nicht die Rede sein. Dagegen muß auch hier eine Ungewißheit vorliegen. Darum ist der von der Auseinandersetzungsbehörde bestätigte Auseinandersetzungsrezeß seinem Wesen nach, und soweit er nicht in einzelnen Theilen auf rechtskräftiger Entscheidung beruht, ein Vergleich und mithin ein lästiger Vertrag, cf. von Rönne siebente Ausgabe, Band 2, Seite 290 sub 4 und das dort citirte Erkenntniß des Obertribunals. Dagegen ist ein Erbrezeß, welchem kein unter den Parteien bestehendes streitiges oder ungewisses und zweifelhaftes Rechtsverhältniß unterbreitet worden ist, als ein Vergleich nicht anzusehen; cf. von Rönne loc. cit. Wo der Zweck fehlt, Ungewisses zu beseitigen, ist für das Zweckgeschäft kein Raum. Nach demselben Principe sagt das Reichsgericht, daß die Vereinbarung eines Aversionalquantums statt Berechnung der Erbschaftssteuer nach dem offen gelegten Betrage der Erbschaftsmasse als Vergleich charakterisirt werden darf; cf. Bolze Band 2, Seite 204, Nr. 847.

Seiner Natur nach ist ein Vergleich unwirksam, wenn er über Rechte geschlossen wird, „von welchen sich in der Folge findet, daß dieselben weder einem, noch dem andern Theil, sondern einem Dritten zukommen"; § 422, 1, 16; haben ferner Intestaterben mit solchen, die durch Testamente oder Verträge zu Erben eingesetzt worden, sich verglichen, so werden dadurch die Rechte der Legatarien nicht verändert; aus der Vergleichsnatur folgt, daß die Rechte Dritter über=haupt durch den Vergleich nicht betroffen werden; § 440, 1, 16. Er kann daher z. B. auch bestehenden dinglichen Rechten Dritter nicht schaden. Das Landrecht sagt zwar: „War für die verglichene Forderung ein Pfandrecht bestellt, und es ist darüber in dem Vergleiche nichts Besonderes verabredet, so haftet dasselbe auch ferner noch dem Berech=tigten zur Sicherheit der aus dem Vergleiche an den Verpflichteten ihm zustehenden Forderung"; § 449, 1, 16. Dernburg spricht sich indessen, m. E., mit Recht für eine restriktive Auffassung des Para=graphen aus: war für die ursprüngliche, im Vergleich anerkannte Forderung Hypothek bestellt, und war der Vergleichsschließende der eingetragene Eigenthümer der verhypothecirten Sache, so kann zwar jeder Theil verlangen, daß der Inhalt des Vergleiches, insoweit er die Forderung näher bestimmt, im Buche vermerkt werde; den bereits bestehenden dinglichen Rechten kann jedoch diese Eintragung nicht schaden"; cf. auch die Gesetzrevisoren bei von Rönne S. 295 zu §§ 445, 449 loc. cit. Casuistischer sind die Normen über das Verhältniß der Bürgen beim Vergleiche gefaßt; Medem spricht sich Seite 681 loc. cit. sehr unklar über dieselben aus. Wir haben aber bei dieser Lehre nur auf Dernburg zu verweisen, welcher aus dem allgemeinen Grund=satze, daß der Vergleich Dritten nicht schadet, welche ihm nicht zu=stimmten, folgert, daß der Vergleich gegen Bürgen nicht geltend gemacht werden kann, welche dem Abschlusse desselben nicht zustimmten. „Dagegen können diese sich auf die Einrede des Vergleichs wie auf alle anderen Einreden des Hauptschuldners berufen, womit sie den Vergleich aber auch gegen sich anerkennen" (§§ 445 ff. 1, 16). Daß der Bürge den Vergleich für sich einwenden kann, folgt aus der all=gemeinen Regel, daß mit dem Schwinden der Hauptschuld auch die accessorische erleichtert wird; Medem loc cit. Seite 681 Anm. 62.

In der Natur des Vergleichs liegt es ferner, daß sich Ehe=leute nicht über getrenntes Leben vergleichen können, denn hierüber ist ein Vertrag unzulässig.

In der Natur des Vergleichs als eines onerosen Vertrags liegt es endlich, daß ein Vergleich zur Verheimlichung eines Verbrechens, welches der Richter von Amtswegen rügen muß, keine rechtliche Wirkung hat; § 416 loc. cit. Dagegen kann über das Privatinteresse aus schon begangenen unerlaubten Handlungen ein Vergleich geschlossen werden; § 415 loc. cit.

Was zunächst den § 416 betrifft, so gehört zum Begriffe der Verheimlichung eines Verbrechens eine positive, auf Verhütung der Entdeckung desselben gerichtete Thätigkeit. Daher macht das Versprechen der Verschwiegenheit, welches von dem Beschädigten in einem Vergleiche über sein aus einem verübten Verbrechen erwachsenes Privatinteresse abgegeben ist, diesen Vergleich nicht rechtsunverbindlich; cf. Striethorst Arch. Bd. 12 S. 18 Nr. 5 und von Rönne loc. cit. S. 291. Streitig ist, ob man sich im Vergleichswege verbindlich machen kann, den Antrag auf Bestrafung zu unterlassen, wenn eine solche nur auf Antrag eintreten kann. Förster=Eccius hält dies für zulässig, indem er ausführt: „§ 416 rechnet dies in das Privatinteresse des § 415 hinein; der scheinbar entgegenstehende Satz des § 8 I. 4 wird durch die Sondervorschrift des § 416 beschränkt. Es steht nichts entgegen, den Satz auf die Antragsvergehen und =Verbrechen des Strafgesetzbuchs anzuwenden. Als Gegenleistung wird man an eine Feststellung des Entschädigungsbetrags denken können. Dagegen wird ein Vertrag, durch welchen das Nichtstellen des Antrags gegen eine Belohnung versprochen wird, als unsittlich zu verwerfen sein;" loc. cit. Anm. 11. Auch Dernburg hält einen Vergleich über Nichtstellen eines Antrags gegen entsprechende Entschädigung nicht für wirkungslos, „die Abfindung wird geschuldet, aber freilich nur unter der Bedingung, daß der Antrag nicht dennoch rechtzeitig gestellt wird;" loc. cit. S. 185 Anm. 4.

Meines Erachtens ist auch diese Frage zunächst lediglich nach dem Zwecke des Vergleichs zu entscheiden. Wo ein Streit hier drohen kann, da ist ein Vergleich zulässig. Nun kann aber wegen jedes Privatinteresses aus schon begangenen unerlaubten Handlungen geklagt werden, und darum ist hier ein Vergleich nie ausgeschlossen. Anders verhält es sich, wo bei Antragsvergehen ein Entschädigungsbetrag gegen Unterlassung des Antrags ausgemacht wird. Hier drohen zwei Prozesse: der Strafprozeß und der Civilprozeß, letzterer aber nur dann, wenn civilrechtlich ein Entschädigungsanspruch drohen kann; und nur in diesem Fall liegt der Vergleichszweck vor und ist der Vergleich zulässig. Es kommt aber auch hier nicht darauf an, ob ein solcher Anspruch rechtlich begründet ist, sondern darauf, ob ihn die Partei für begründet hält, ob timor litis obwaltet. Der § 8, I. 4 steht dem nicht entgegen; er erklärt zwar Willenserklärungen, welche zur Verheimlichung einer durch die Gesetze gemißbilligten Handlung abzielen, für nichtig, wird aber durch den § 416 loc. cit. in der That „beschränkt", denn hier ist der Vergleich, welcher die Verheimlichung eines Antragsdelictes zur Folge hat, nicht verboten, sondern nach § 415 dann erlaubt, wenn diese Verheimlichung eben nur die Folge, nicht aber der einzige Zweck des Vergleichs ist, dieser Zweck vielmehr dadurch in die Erscheinung tritt, daß ein Entschädigungs= betrag gegeben wird und damit ein Civilprozeß beseitigt wird. Förster= Eccius sagt daher ganz mit Recht, daß der § 416 das Interesse am Unterlassen des Antrags mit in das Privatinteresse des § 415 hinein= rechne. Der Verletzende hat nämlich zwei Privatinteressen, eines am Wegfall der Strafe und eines am Wegfall der Entschädigung. Da über letzteres nach § 415 ein Vergleich geschlossen werden kann und § 416 die damit verbundene Verheimlichung des Verbrechens zuläßt, so erscheint der Vergleich nach positivem Rechte gültig, während er sonst wegen der damit verbundenen Folge der Verheimlichung unsittlich wäre. Waltet daher nicht daneben timor litis, sondern nur timor poenae vor, so wird das, was dem Antragsberechtigten gegeben wird, nicht als Entschädigung für einen Anspruch, sondern als Be= lohnung für das Schweigen im Strafprozeß erscheinen. Ein solcher Vertrag ist aber nicht nur, wie Förster=Eccius sagt, unsittlich, sondern ist auch vor Allem nie und nimmer ein Vergleich! In der Praxis wird sich leicht erkennen lassen, ob eine giltige Entschädigung für einen Civilanspruch oder eine nichtige Belohnung für das Unterlassen des Antrags ausgemacht worden ist.

Wird ein Injurienverfahren vor dem Schiedsmanne durch Ver= gleich beigelegt, so ist hier nach § 420 der St. P. O. ausnahms= weise auch der Strafprozeß ausgeschlossen, nicht nach der Natur des Vergleichs, sondern kraft positiver Vorschrift. Abgesehen von diesem Falle ist ein Vergleich in Injuriensachen nicht bindend, weil das Privatklagerecht nicht dem Verzichte unterliegt. Es kann hier auch nicht von einem Entschädigungsbetrag gesprochen werden, denn die Ehre ist kein Gut, für das man Ersatz zahlen kann. Allerdings steht die Majorität meiner Ansicht entgegen; so das Obertribunal. Dasselbe sagt, daß ein nur mündlich geschlossener Vergleich der Injurienklage nicht mit Erfolg entgegengesetzt werden kann, da die Rüge einer Ehrenkränkung nach Geldwerth „unschätzbar" sei. Zu so seltsamem Werthmesser der Ehre kommt diese verkehrte Ansicht!

Wenn der Verletzte durch Vergleich auf den Antrag verzichtet, so kann doch dieser Vergleich den trotzdem gestellten Antrag nicht beseitigen, abgesehen von § 420 der St. P. O.; das Strafverfahren nimmt seinen Fortgang, benn auf den Strafprozeß hat ja der Vergleich seiner Natur nach nicht den geringsten Einfluß, zu seiner Beseitigung ist ein oneroser Vertrag unmöglich.

Auch das Reichsgericht verneint die Frage, ob bei Antragsdelikten durch einen von dem Verletzten ausgesprochenen Verzicht auf den Strafverfolgungsantrag die nachherige Stellung dieses Antrages innerhalb der Antragsfrist ausgeschlossen werde? Der Staat hat bei Antragsdelikten die Ausübung seines Rechtes nicht schrankenlos von dem Willen des Verletzten abhängig gemacht, sondern nur unter den ausdrücklich hervorgehobenen Voraussetzungen. Ein ausdrücklicher Verzicht auf die Stellung des Antrags während der Antragsfrist ist im Gesetze beim Fortfall der Bestrafung nicht hervorgehoben. „Für die Annahme, daß gleichwohl das Gesetz einem solchen Verzicht dieselbe Wirkung habe beilegen wollen, wie dem stillschweigenden Verzicht, als welcher die Unterlassung der Stellung des Antrages innerhalb der Antragsfrist sich darstelle, sind weder im Gesetze, noch in der Entstehungsgeschichte besselben Anhaltspunkte aufzufinden; es ist vielmehr die Unterstellung begründet, daß der Gesetzgeber die Abkürzung der von ihm für erforderlich erachteten Antragsfrist durch einen während berselben ausgesprochenen Verzicht auf die Stellung des Antrages nicht zulassen wollte. Die von dem § 420 St. P. O. hinsichtlich der Privatklage ertheilte besondere Vorschrift kommt im vorliegenden Falle nicht in Betracht;" cf. R. G. Bd. 3 S. 221 f. (Strafsachen).

Nicht in der Natur des Vergleichs, sondern auf positiver Vorschrift ist die Norm begründet, daß ein Vergleich über Erbschaften aus letztwilligen Verordnungen vor Publication berselben nicht stattfindet; § 442, I. 16. Der Satz ist mit Dernburg auf den Fall einzuschränken, daß den Vergleichsschließenden der Inhalt der letztwilligen Verordnung unbekannt war.

Die §§ 413, 414, welche eine Beschränkung des Vergleichs über künftige Verpflegungsgelder enthielten, sind jetzt durch Gesetz vom 11. Juli 1845 in § 1 sub b aufgehoben; ebenso der § 51 des Anhanges bazu.

Der Gegenstand der Gegenleistung darf nicht gleich Null sein, benn es gehört zum Begriffe des Vergleichs, daß wechselseitig „etwas" gegeben oder nachgelassen wird. Das Reichsgericht hat mit Recht in einem Falle ausgesprochen: „Die Behauptung, der Concursverwalter habe, um mit dem Schuldner definitiv abzuschließen und dessen Rechtsverhältnisse endgültig zu reguliren, bemselben über die ganze Schuld quittirt, und der Schuldner habe das acceptirt, ist nicht die Behauptung eines Vergleichs"; cf. Bolze, Bd. 3 S. 166 f. Im Uebrigen kann sie sehr verschiedenartig sein; sie kann z. B. mit dem Rechtsverhältniß in gar keiner Verbindung stehen, sondern ein Geben, Versprechen oder Nachlassen aus einem ganz anderen Rechts= kreise enthalten, sie kann auch ein ganz neues Rechtsverhältniß con= stituiren; cf. Medem loc. cit. S. 672. Auch in dem letzteren Falle novirt der Vergleich nicht, wie früher erwähnt ist.

§ 6.
Die Form des Vergleichs.

Hinsichtlich der Form gilt für den Vergleich die allgemeine Vor= schrift, daß Vergleiche über 150 Mark und Vergleiche über Grund= stücke schriftlich geschlossen werden müssen; wird sofort erfüllt, so wird der Formmangel geheilt; cf. § 407, I. 16 und Förster=Eccius Seite 698 loc. cit. Anm. 8. Der Vergleich kann auch stillschweigend geschlossen werden, wenn z. B. der Gläubiger einer Post, welche vom Schuldner zum Theil bestritten wird, gegen Zahlung einer kleineren Summe den Schuldschein herausgiebt oder Quittung ertheilt; cf. Medem loc. cit. S. 675 Anm. 51. Vergleiche über Abfindung von Servituten, die auf Königlichen Forsten haften, bedürfen noch gegenwärtig zu ihrer Rechtsbeständigkeit der Genehmigung des Finanzministeriums, wenn die Abfindungssumme 500 Thaler übersteigt; cf. von Rönne zu § 407 loc. cit. Der echte Vergleich, wie er jetzt prozessualisch charak= terisirt wird, bedarf nicht der Vorlesung des Protocolls; cf. das Er= kenntniß des Reichsgerichts bei von Rönne, loc. cit.

Ueber die Form des Vergleichs vor dem Schiedsmann sagt das Reichsgericht: „Das Protocoll eines Pr. Schiedsmanns über einen Vergleich, aus welchem die Zwangsvollstreckung nachgesucht wird — Schiedsmannsordnung vom 29. März 1879, § 32 —, entspricht den gesetzlichen Erfordernissen — § 25 —, wenn dasselbe den Gegenstand bezeichnet, über welchen sich die Parteien verglichen haben, und man im Uebrigen aus dem Inhalte des Protocolls ersieht, daß unter den Parteien über diesen Gegenstand ein Streit bestanden hat. Es bedarf keiner besonderen Erwähnung der streitigen Punkte;" Bolze, loc. cit. Bd. 4 Nr. 584, S. 177. Der Zweck muß bei unserem Zweckgeschäft auch hier erkennbar sein.

§ 7.
Die Auslegung des Vergleichs.

Der Wille der Parteien, einen Vergleich zu schließen, muß sich mit dem Zweck decken, eine Ungewißheit oder einen Streit zu beendigen;

sobald die beiden Willen in der rechten Form hierin übereinstimmen, ist das Erforderniß des Vertrags vorhanden. Die Interpretations= regel: „Vergleiche dürfen über die Befugnisse oder Gegenstände, auf welche sie sich beziehen, nicht ausgedehnt werden" (§ 426, I, 16), enthält nichts Besonderes und ist darum als selbstverständlich ohne Werth. Haben sich die Parteien ausdrücklich über alle ihre wechsel= seitigen Forderungen verglichen, so sind alle bisher gehabten gegen= seitigen Rechte, sie mögen schon streitig gewesen sein oder nicht, für aufgehoben zu achten. Doch bleiben auch von einem solchen Vergleiche diejenigen Posten ausgenommen, welche einen oder beiden Theilen erst nach dem Vergleiche bekannt geworden sind; cf. §§ 427, 428 loc. cit. Zunächst ist nach dem Obertribunal in diesem Falle nicht nöthig, daß die Forderungen, welche Gegenstand des Vergleichs sein sollen, speciell aufgeführt werden, es ist vielmehr gerade an eine bloß generelle Bezeichnung gedacht; Striethorst, Arch. Bd. 97 S. 161 Nr. 38. Ferner ist nach dem Reichsgericht die mündliche Vereinbarung der Parteien, daß eine bestimmte Forderung von dem schriftlichen Ver= gleiche über alle wechseitigen Forderungen ausgenommen werde, nicht unverbindlich; cf. von Rönne zu § 427 sub 2. Beiden Erkenntnissen ist zuzustimmen. Die Paragraphen denken an einen Generalvergleich, alle wechselseitigen Forderungen und jeder daraus entspringende Streit oder jede Ungewißheit sollen mit einem Male beseitigt werden.

Es ist nicht unbedenklich, in der Gesetzgebung einen solchen General= vergleich zu gestalten, denn der Wille muß sich immer auf ganz be= stimmte Rechtsverhältnisse beziehen, und darum wäre es wünschens= werth, wenn diese auch hier aufgezählt werden müßten. Zu einem gleichsam rechtlichen Aufräumen kann ja der Gesetzgeber den Parteien doch nicht helfen, er kann kein Mittel schaffen, daß jeder Streit aus= bleibt, denn es bleiben auch bei einem solchen Vergleiche diejenigen Posten ausgenommen, welche einem oder beiden Theilen erst nach dem Vergleiche bekannt geworden sind; da aber ein solcher Vergleich nur bei reger Geschäftsbeziehung einen Sinn hat, werden aus obigem Grunde doch immer Streite möglich bleiben.

Im Anschluß an § 428 könnten wir uns zu der bestrittenen Frage über den Umfang des Vergleichswillens wenden, indessen ist dieselbe besser bei der Frage nach dem Einflusse des Irrthums auf den Vergleich mit zu beantworten.

Dagegen gehören hierher noch die Interpretationsregeln des § 436 ff.: „Ist bei einem Vergleiche über einen Inbegriff von Sachen ein Verzeichniß zum Grunde gelegt worden, so erstreckt sich der Ver= gleich nur auf die darin angeführten Stücke. Sind jedoch im Ver=

gleiche die Grundsätze der Theilung des streitig gewesenen Inbegriffs
bestimmt, so müssen die im Verzeichnisse ausgelassenen Sachen nach
diesen Grundsätzen beurtheilt werden. Haben die Parteien, ohne ein
Inventarium zum Grunde zu legen, sich verglichen, so finden keine
weiteren Berechnungen oder Nachforderungen statt." Auch hier handelt
es sich um eine Generalabrechnung. Haben sich daher die Parteien
über den zweifelhaften Werth der Theilungsmasse geeinigt, ist ins=
besondere nur eine Remedur wegen etwaiger Rechnungsfehler vor=
behalten, so berechtigt ein angeblicher Irrthum in dem angesetzten
Werthe des Inventars oder in der Existenz von mitveranschlagten
Forderungen nicht zur Anfechtung des Vergleichs und nicht zum Nach=
weise, daß das Inventar einen geringeren Werth hatte oder daß die
Forderungen nicht existirt hätten; cf. das Erkenntniß des Reichs=
gerichts bei von Rönne, loc. cit., zu § 435.

Dem Vergleiche wird endlich bei der Interpretation stets der
Hauptzweck unterzulegen sein, Streitigkeiten zu vermeiden; cf. das
Erkenntniß des R. G. bei Bolze, Bd. 1, Nr. 820, S. 181. Darum
ist auch dahin zu interpretiren, daß auf alle Einwendungen ver=
zichtet wird. Wenn z. B. Jemand Forderungen bestritten hat, weil
sie aus Differenzgeschäften herrühren, dann aber sich auf Zahlung
eines Theilbetrags vergleicht, so kann er jenen Einwand nicht mehr
geltend machen; cf. das Erk. des R. G. bei Bolze, Bd. 2, Nr. 846, S. 204.

§ 8.
Die Wirkung des Vergleichs.

Die Wirkung des Vergleichs entspricht seinem Zwecke: er beendet
einen Streit, beseitigt einen zukünftigen Streit oder hebt eine Un=
gewißheit. Er giebt einen neuen Klagegrund oder eine neue Einrede;
er ist eben seiner Natur nach ein Vertrag, seine Schutzmittel sind
daher nur die eines jeden Vertrags: Klage und Einrede; cf. auch
Medem loc. cit. S. 681. Daß er nicht novirt, ist früher hervor=
gehoben, ebenso ist sein Einfluß auf den Bürgen und auf das Pfand
früher erörtert worden. Der Vergleich erledigt einen anhängigen
Rechtsstreit materiell, mag er gerichtlich oder außergerichtlich geschlossen
worden sein; cf. Förster=Eccius loc. cit. S. 699 Anm. 17a. Wird
der Vergleich über eine noch nicht anhängige Sache in Hinblick auf
einen künftigen Streit geschlossen (timor litis), so giebt er dem Kläger
einen neuen und sicheren Klagegrund aus dem Vergleiche, und dem
Beklagten eine Einrede, wenn etwa Kläger etwas Anderes als aus=
gemacht worden fordern sollte. Zu den prozeß=hindernden Einreden

ist der Vergleich nicht gerechnet worden, cf. § 247 C. P. O.; die
Vergleichseinrede ist eine materiell=rechtliche, gerade so wie es die Ein=
rede ist, daß gemäß Schiedsvertrag zu entscheiden sei; cf.
die Reichs=
gerichtserkenntnisse bei Wilmowski und Levy, Anm. 4 zu Nr. 2 des
§ 247 C. P. O. Aus demselben Grunde kann nach Förster=Eccius
der materiell=rechtliche Vergleich nur materiell auf den Prozeß wirken,
wenn nicht etwa in ihm die Klage zurückgenommen ist; cf. Förster=
Eccius loc. cit. S. 699. Wach ist hier anderer Ansicht. Er geht
im Gegensatz zu der hier vertretenen Lehre davon aus, daß der Ver=
gleich eine Prozeßhandlung ist; cf. insbesondere Anm. 28 S. 577
des Handbuchs des deutschen Civilprozeßrechts, 1. Bd. Ich verweise
hiergegen auf das früher Gesagte und auf das, jetzt auch bei
Bolze, Bd. 4 Nr. 1097 S. 325 erwähnte Reichsgerichtserkenntniß
vom 24. Juni 1887.

An einer anderen Stelle sagt aber Wach, daß es aus dem
Wesen des Vergleichs folge, daß er den Prozeß beendige; cf. Gruchot,
Beiträge, Jahrgang 30, S. 790 Anm. 24. Das ist richtig, denn
die Parteien wollen ja gerade das Ende des Streits und nichts
Anderes, und es wäre erstaunlich, wenn das Prozeßgesetz diesem
Willen entgegentreten wollte. Aber freilich muß das Prozeßgesetz
diese Beendigung zulassen, weil ein materielles Institut nicht ohne
Weiteres prozessualisch wirkt. Förster=Eccius verneint die Zulassung,
die C. P. O. „sagt weder, noch setzt sie voraus, daß der Vergleichs=
schluß als solcher den Prozeß beendigt;“ loc. cit. Anm. 17. Wach
dagegen meint, diese Beendigung sei indirekt anerkannt wie die C. P. O.
in den §§ 268, 471, 93, 77, 79, 702, 1. Das ist m. E. in der
That der Fall, der Rechtsstreit wird durch den Vergleich „erledigt“,
er wird „beseitigt“; und daß das in der C. P. O. nur nebenbei
erwähnt wird, hat m. E. seinen Grund darin, weil es sich nach dem
materiellen Recht ja ganz von selbst versteht, und zwar nach
allen deutschen Rechten.

Die Zurücknahme der Klage im Vergleich beendet den Prozeß
nicht, denn die Regeln über die Zurücknahme gelten hier nicht; nur
der Vergleichswille beendet den Streit. Richtig ist allerdings, daß
Wach seinen Satz mit Unrecht durch das Gerichtskostengesetz stützt;
aber es bedarf derselbe dieser haltlosen Stütze gar nicht. Ebensowenig
folgt der Satz daraus, daß der Vergleich Vollstreckungstitel ist, wie
Wach in der Abhandlung bei Gruchot selbst zugiebt; aber auch diese
Schlußfolgerung ist nicht nöthig. Die neuen Angriffe von Eccius
bei Gruchot, Bd. 30, S. 466 vermögen mich darum nicht zu über=
zeugen. Daß ein vor einem Amtsgericht geschlossener Vergleich dem

Prozeßgericht erst bewiesen werden muß, steht meiner Ansicht nicht entgegen, und auf den Begriff der Prozeßhandlung stützt sich meine Ansicht nicht: die Parteien wollen eine Streitbeendigung vor Gericht, und die C. P. O. kennt eine solche Beendigung oder Beseitigung des Streits. Der während des Prozesses vor einem anderen Gerichte, als dem Prozeßgericht, geschlossene Vergleich muß dem Prozeßgericht natur= gemäß erst nachgewiesen werden, dann aber beendet er den Streit. Wird z. B. behauptet, der Vergleich sei nicht zu Stande gekommen, weil z. B. die Vollmacht des einen Anwalts nach der C. P. O. § 79 beschränkt war, so bedarf es eines neuen Prozesses. Wenn Eccius gerade aus diesem Beispiel unsere Lehre angreift (Anm. 17a), so be= rührt er nicht einen wunden Punkt derselben, sondern einen wunden Punkt der C. P. O., welche leider nicht zu jedem Vergleiche besondere Vollmacht verlangt.

§ 9.
Der vollstreckbare Vergleich.

Aus dem Umstande, daß nach der neuen Civilprozeßordnung aus gewissen Vergleichen Zwangsvollstreckung stattfindet, darf man nicht schließen, daß mit dieser Norm etwa die civilrechtliche Ansicht zum Durchbruch gekommen sei, daß der Vergleich die Natur eines Urtheils besitze. Denn einmal bleiben die materiellen Einwendungen gegen den Vergleich durch den § 702 der Civilprozeßordnung un= berührt, soweit sie sich nicht gegen die Vollstreckbarkeit richten. Dann aber deuten ja auch die in Nr. 5 desselben Paragraphen genannten vollstreckbaren Urkunden an, daß es sich hier durchaus nicht um materiell=rechtliche Normen, sondern um rein formelles Prozeßrecht handelt, welches dem Verkehr einen vorläufigen, schnellen Rechtserfolg sichern will.

Dagegen ist wohl meine Ansicht berechtigt, daß mit der Ein= führung des vollstreckbaren Vergleichs de lege ferenda eine Möglichkeit zur strengeren Scheidung zwischen dem echten und dem unechten Ver= gleiche gegeben worden ist. Die Zwangsvollstreckung findet nämlich ohne Weiteres aus Vergleichen nur dann statt, wenn ein Streit oder die Furcht vor einem Streite bei dem Vergleichsschlusse obwaltete. Zunächst findet sie statt aus Vergleichen, welche nach Erhebung der Klage zur Beilegung des Rechtsstreits seinem ganzen Umfange nach oder in Betreff eines Theiles des Streitgegenstandes vor einem Deutschen Gericht abgeschlossen sind (§ 702, 1 C. P. O.). Es liegt hier der Musterfall des echten Vergleichs, der eigentliche Prozeß=

vergleich vor. Nach den Protokollen der Kommission wurde auf Anfrage des Abg. Kloß von dem Direktor von Amsberg hierzu erklärt, unter „einem Deutschen Gerichte" sei jedes Deutsche Gericht zu verstehen (Hahn, Materialien, S. 822). Allein diese Aeußerung bezieht sich sicher nur auf den Gegensaß des Prozeß- und des ersuchten Gerichts; auch wenn ein beauftragter oder ein ersuchter Richter einen Vergleich aufnimmt, so ist derselbe vor einem Deutschen Gerichte geschlossen (cf. Wilmowski u. Levy, Civilprozeßordnung S. 830 f.). Da „die Erhebung einer Klage" vorausgesetzt wird, kann es sich nur um Streite vor den ordentlichen Gerichten handeln. Selbstverständlich steht das Mahnverfahren mit seiner Zustellung des Zahlungsbefehls der Erhebung der Klage gleich. Die Beendigung des Streits muß vergleichsmäßig durch gegenseitiges Nachgeben erfolgen, wobei es gleichgiltig ist, auf welche Weise nachgegeben wird, so daß das Nachgeben nicht am Streitgegenstande selbst zu geschehen braucht, sondern auch durch Geben anderer Sachen, oder durch Constituiren ganz anderer Verhältnisse geschehen kann.

Aber auch der zweite Fall des echten Vergleichs, wo der Vergleich wegen timor litis geschlossen wird, ist durch die Möglichkeit der sofortigen Vollstreckbarkeit jetzt von der Gesetzgebung ausgezeichnet worden. Vergleiche, welche beim gerichtlichen Sühneversuch vor dem Amtsgericht vor Erhebung der Klage zu Stande kommen, begründen die Zwangsvollstreckung. Es handelt sich hier um timor litis, denn es muß die Absicht vorhanden sein, eine Klage zu erheben (§ 471 C. P. O.). Der Gegenstand des Anspruchs muß dabei genannt werden, weil ja sonst timor litis nicht erkannt werden kann, dagegen wird nicht verlangt, daß eine Klage auch begründet wird, denn es ist kein lis vorausgesetzt.

Beim unechten Vergleiche ist nach dem heutigen Prozeßrecht die Zwangsvollstreckung nicht zugelassen. Aus ihm muß also erst geklagt werden, ehe derselbe materiellen Erfolg hat.

Dieser Unterschied ist hoch bedeutsam, denn er zeigt, daß man erkannt hat, daß zwischen dem echten und dem unechten Vergleiche eine weite Kluft existirt, die auch das heutige materielle Recht berücksichtigen sollte. Man läßt beim echten Vergleiche, wenn er vor dem Gericht geschlossen wird, in seinen beiden Fällen eine sofortige Vollstreckung zu, weil der Gesetzgeber fühlt, daß die Parteien es meist bei dem Vergleiche belassen und nicht Irrthum vorschützen werden. Und dieses Gefühl entspricht meines Erachtens einem Gewohnheitsrecht, welches sich auf diese Weise im Prozeß wenigstens in etwas

Bahn zu brechen sucht, wenn es sich auch das Feld noch nicht im modernen Civilrecht erobert hat.

Denn wir dürfen nicht etwa annehmen, daß die Anfechtung dieser Vergleiche wegen Zwang, Betrug, Irrthum in ihren allgemeinen Lehren durch das neue Prozeßrecht berührt werde. Die Zwangs= vollstreckung ist zulässig, obgleich die Rechtsgültigkeit des Vergleichs bestritten oder sonst das Durchgreifen von Einreden mit Grund behauptet werden kann. „Alle diese Vertheidigungsmittel werden durch die ertheilte Vollstreckungsclausel nicht ausgeschlossen" (cf. Förster= Eccius, 5. Auflage, Seite 305).

Es interessirt uns hier vor Allem der eigentliche Prozeßvergleich; der in Gemäßheit der Schiedsmannsordnung vom 29. März 1879 vor dem Schiedsmann zu dessen Protocoll geschlossene Vergleich und der nach § 59 der Feldpolizeiordnung vom 1. November 1844 vor der Polizeibehörde geschlossene Vergleich, der auch die Zwangsvoll= streckung begründet (Förster=Eccius, Band 1. loc. cit. Seite 305 Anm. 9), bleibt der Natur der Abhandlung gemäß hier außer Betracht, wie wir denn auch an dieser Stelle die prozessualen Controversen nicht zu erörtern haben. Werden hier Einreden ins Feld geführt, so fragt es sich, in wiefern sie die Ertheilung der Vollstreckungsclausel oder die Zulässigkeit derselben hindern können? Das im § 668 der Civilprozeßordnung angeordnete Beschwerdeverfahren wird nur dann von Erfolg sein können, wenn die Bedingungen der Vollstreckbarkeit zwischen den Parteien fehlen, wenn die Vergleichsschlichtenden z. B. nicht legitimirt sind (Förster=Eccius loc. cit. Seite 305). Dagegen müssen alle rein materiellen Einwendungen aus der Lehre des Vergleichs durch die nach dem Vergleiche anzustellende Klage oder durch Einrede geltend gemacht werden (Förster=Eccius loc. cit.). Dabei kann natürlich auch das wiedergefordert werden, was auf Grund des Ver= gleichs gegeben worden ist. Meines Erachtens citirt Eccius hier mit vollstem Recht den § 705 Abs. 4 der Civilprozeßordnung (loc. cit. Anm. 13.). Von Wilmowski und Levy erheben hier prozessuale Einwendungen und meinen, auf Vergleiche finde der Paragraph keine Anwendung, meines Erachtens mit Unrecht.

„In jedem Falle sind die materiellen Einwendungen ohne Rücksicht auf die Zeit ihrer Entstehung — sei es durch nachträgliche Klage, sei es als Einrede, wenn der Berechtigte selbst auf Ertheilung der Vollstreckungsclausel Klage erheben mußte, — zulässig;" cf. Förster= Eccius loc. cit. S. 305, § 705 Abs. 4 und 686, 2 C. P. O. Die weiteren rein prozessualischen Fragen können hier nicht erörtert werden; es sei nur erwähnt, daß auch Dernburg obiger Ansicht zu=

stimmt: „Die Vorschriften der R. C. P. O. über die Zwangsvollstreckung aus exekutorischen notariellen Urkunden haben auf die nach
den Landesgesetzen vollstreckbaren Vergleiche entsprechende Anwendung
zu finden. Demnach hat die beschränkende Vorschrift des § 686
Abs. 2 der R. C. P. O. bezüglich der Geltendmachung von Einwendungen, welche den Anspruch selbst betreffen, bei solchen Vergleichen
keine Geltung;" loc. cit. S. 181 Anm. 9.

§ 10.
Der Einfluß des Irrthums auf den Vergleich.

Da die Normen des Landrechts den echten und den unechten
Vergleich nicht scheiden, können wir nicht von unserer, in der ersten
Abtheilung entwickelten Ansicht aus das streitige und von Controversen
übersäte Gebiet behandeln, sondern sind auf den Wortlaut des Gesetzes
angewiesen. Zunächst bestimmt § 417 loc. cit.: „Irrthümer in der
Person oder in dem Gegenstande des Vergleichs entkräften denselben,
so wie jede andere Willenserklärung (Titel 4 § 75 ff.)." Der
folgende § setzt aber hinzu: „Dagegen kann ein Vergleich unter dem
Vorwande eines vorgefallenen Irrthums über die Beschaffenheit des
streitigen Rechts selbst in der Regel nicht angefochten werden." Da
auf die allgemeinen, auch für das Landrecht geltenden Lehren vom
Irrthum verwiesen ist, so wollen wir versuchen, ob dieselben mit
diesen Paragraphen im Einklange stehen. Es sind auch hier die drei
von Zitelmann genannten und im ersten Theile dieser Abhandlung
erwähnten Arten des Irrthums zu unterscheiden:

1. unrichtige oder mangelnde Vorstellung über das eigne Thun,
2. unrichtige oder mangelnde Vorstellung über die Folge des
   Thuns,
3. unrichtige Vorstellung als Motiv und Mangel einer Vorstellung, welche Motiv oder Gegenmotiv gewesen wäre.

Das Bewußtsein der Handlung und die Absicht auf Herbeiführung
des Rechtserfolgs sind integrirende Theile des Rechtsgeschäfts, so auch
des Vergleichs; liegt also der Irrthum ad 1 und 2 vor, so muß
nach allgemeinen Grundsätzen der Vergleich ungiltig sein.

Insoweit stimmt auch das Landrecht mit den allgemeinen
Forderungen überein.

Die allgemeinen Grundsätze über den Irrthum gelten auch hier,
und kann ein Vergleich in Folge Irrthums über die Person des
Contrahenten, über das Objekt 2c. angefochten werden. Dies lehrt
die ausdrückliche Verweisung auf jene Lehren.

Ungeheuer bestritten ist aber noch heute die Lehre vom Irrthum im Motiv. Das Rechtsgeschäft ist an sich unabhängig von den seine Errichtung verursachenden Motiven. Es kann daher nur eine positive Satzung den Grund bilden, um auch hier dem Irrthum Einfluß zu gewähren. Im Römischen Recht ist nach meiner Ansicht dieser Einfluß beim echten Irrthum nicht vorhanden, wohl aber beim unechten. Und das entspricht der Natur der Sache. Wenn wir einen echten Vergleich schließen, um uns zu vergleichen, so wollen wir einen Streit beenden oder einem Streit vorbeugen. Da nun ein Streit ohne rechtliche oder thatsächliche Ungewißheit nicht denkbar ist, so kann nicht eben diese Ungewißheit wieder den Grund bilden, um den Vergleich anzufechten, sie ist im Gegentheil ja eben die eigentliche Voraussetzung des Vergleichs. Der Streit über sie soll vermieden werden, das wird er aber nicht, wenn nun in einem Anfechtungs= prozeß eben über diese Ungewißheit Recht gesprochen wird. Der Zweckgedanke des Vergleichs steht dieser Anfechtung entgegen. Die Unterlage des Streites bilden die Voraussetzungen, die Thatsachen; nicht ihre Ungewißheit aber soll beseitigt werden, sondern der Streit über sie, und darum kann ein echter Vergleich wegen Irrthums über diese Thatsachen nimmer angegriffen werden.

Ganz anders liegt die Sache beim unechten Vergleich. Soll kein Streit vermieden werden, sondern nur eine Ungewißheit aus= geglichen werden, so muß der Vergleich logisch anfechtbar sein, wenn er auf falschen thatsächlichen Voraussetzungen ruht. Diese Ansicht ist meines Wissens völlig neu, aber löst meines Erachtens allein die großen Schwierigkeiten von principiellem Standpunkte aus.

Das Landrecht theilt nun diesen Standpunkt durchaus nicht. Es unterscheidet zunächst nicht zwischen echtem und unechtem Vergleiche. Medem sagt mit Recht, „es deuten seine Paragraphen auf die zur Zeit der Redaction des Landrechts allgemein herrschende Theorie, daß der Irrthum dem Vergleiche schädlich sei oder nicht, je nachdem er sich auf das caput non controversum, d. h. dasjenige, was die Transi= genten bei Eingehung des Vergleichs als unzweifelhaft angenommen, oder vorausgesetzt, oder auf das caput controversum, d. h. dasjenige, was sie als zweifelhaft angesehen, bezog;" loc. cit. S. 679. Dabei sind zu allem Unglück noch die Worte: „die Beschaffenheit des streitigen Rechts selbst" so dunkel wie nur möglich. Irrig ist, wenn Dernburg meint, daß der Zusatz „in der Regel" der Jurisprudenz freie Hand lasse, denn er bezieht sich nur auf den folgenden Paragraphen 419, wie dessen Anfangsworte „hat jedoch" ergeben. Es läßt sich nur die damals herrschende Theorie anwenden, und danach ist zu sagen, daß die Ungewißheit zwar niemals ein Anfechtungsgrund sein kann, daß aber soweit die Parteien thatsächliche Verhältnisse als unstreitig und unzweifelhaft bei dem Vergleich vorausgesetzt haben, der Irrthum in dieser Voraussetzung nach dem Landrecht so wirkt, wie bei andern Verträgen; cf. Förster-Eccius loc. cit. S. 700. Irrthum über das, was die Parteien als zweifelhaft voraussetzen, über das caput controversum, d. h. über die Beschaffenheit des streitigen Rechts selbst, ist stets unerheblich. Man darf hier auch nicht die Ausnahmebestimmung des § 428 I, 16 anziehen, um zu beweisen, daß Irrthum über unbekannte Folgen erheblich sei; mit Recht sagt das Reichsgericht: Diese Bestimmung greift nicht in Beziehung auf die nicht bekannten Folgen des Rechtsverhältnisses Platz, über welches sich Parteien verglichen haben; cf. Bolze, Bd. 1, Nr. 885, S. 193. Hier also, beim caput controversum, ist Irrthum in den Voraussetzungen unerheblich. Beim caput non controversum ist er erheblich; allein hier ist in der Praxis zu bedenken, daß ja beim Vergleiche nicht, wie beim Urtheil, ein **Thatbestand des Unzweifelhaften** aufgenommen zu werden braucht, ja in der Regel nur das Streitige, nicht aber dessen unstreitige Voraussetzungen erwähnt werden. Und so wird es hier meist auf eine nicht leichte Willensinterpretation ankommen; der Richter wird fragen: was für einen Streit wollten die Parteien beenden? Der Vergleich reicht nur so weit als der Vergleichswille reicht, und „in vielen Fällen ist dann, wenn sich neue Beanstandungen ergeben, die beim Vergleichsschlusse nicht vorgesehen waren, der Vergleich nicht eigentlich anfechtbar, vielmehr einfach, als den neuen Streit nicht betreffend, bei Seite zu setzen;" Dernburg loc. cit. S. 183 Anm. 13. Ich citire hierfür das Erkenntniß des Reichsgerichts bei Bolze, Bd. 1, Nr. 884, S. 193: Durch den Vergleich über die Höhe der Entschädigungssumme ist der später erworbene Anspruch wegen der durch die Anlage bewirkten Austrocknung der Ländereien nicht aufgegeben, weil die Enteigneten hieran nicht gedacht, den Eintritt solchen Schadens für ausgeschlossen gehalten haben. Auch in dem bei Bolze folgenden Reichsgerichtserkenntniß haben Parteien an gewisse Rechtsfolgen nicht gedacht, da aber ihr Wille in Betreff des Streitigen klar zum Ausdruck kommt, ist die unbekannte Rechtsfolge und ihre Beendigung vor Allem mitgewollt, denn der ganze Streit soll ein Ende haben. Hiergegen haben Parteien in dem ersten Beispiel betreffs des Unstreitigen ihren Willen in einer Richtung nicht erklärt; wird dies Unstreitige streitig, so ist das ein neuer Streit, auf dessen Beendigung sich der Wille nicht mitbezog. In den bei Dernburg loc. cit. Seite 183 im Text genannten Beispielen könnte

von einer Willensauslegung nur dann die Rede sein, wenn dieselbe
zum Ausdruck gelangt wäre; streiten sich die Parteien über ein Ver=
mächtniß, vergleichen sich aber sofort auf eine gewisse Summe und
stellt sich später heraus, daß der Anspruch selbst nicht besteht, so ist
dahin zu interpretiren, daß die Beendigung des Streites über das
Vermächtniß gewollt, also auch in diesem Falle gewollt ist. War es
den Parteien beim Vergleichsschlusse **nicht bekannt**, daß der Anspruch
selbst nicht bestand, weil die letztwillige Verfügung durch ein späteres
Codicill vom Erblasser aufgehoben war, so handelt es sich nicht um
die Frage, ob hier ein gegentheiliger Wille der Parteien zu construiren
ist, sondern um später aufgefundene Urkunden über das streitige
Vermächtniß; es kommt also eine positive Rechtsvorschrift zur An=
wendung. In dem Falle, wo die Nichtbeständigkeit aus anderen
Gründen den Parteien nicht bekannt war und erst nach dem Vergleiche
ihnen bekannt wurde, ist nach dem Landrecht der Irrthum doch deshalb
erheblich, weil es sich um eine **wesentliche Voraussetzung** handelt,
welche die Parteien als unstreitig und unzweifelhaft festhielten, auch
wenn sie dieselbe gar **nicht zum Ausdruck** brachten. Es reicht
hier also in manchen Fällen die Willensinterpretation nicht zur
Entscheidung der Frage aus, denn nach jener Interpretation soll oft
ein Streit auf alle Fälle beendet werden.

Das Landrecht bestimmt ausdrücklich, daß von dem Vergleiche
ein Rücktritt möglich ist, wenn aus neu aufgefundenen Urkunden der
gänzliche Mangel alles Rechts auf Seiten des Gegentheils klar nach=
gewiesen werden kann; § 420, I, 16. In diesem Falle soll Alles
Anwendung finden, was die Prozeßordnung wegen Anfechtung eines
rechtskräftigen Erkenntnisses aus neu aufgefundenen Urkunden vor=
schreibt. Die §§ 420, 421 sind noch in Kraft, wenn auch die
Restitutionsklage der Allgemeinen Gerichtsordnung fortgefallen ist;
cf. das Reichsgerichtserkenntniß bei Bolze, Band I. S. 194 Nr. 886
vom 30. October 1884. Da die Restitutionsklage fortgefallen ist, so
ist damit auch die achtwöchentliche Frist beseitigt, es braucht nicht
mehr binnen dieser Zeit seit Auffindung der Urkunde Klage erhoben
zu werden, denn diese Frist ist nur mit jenem prozessualischen Rechts=
mittel verbunden gewesen. Die Normen der Reichscivilprozeßordnung
aber gelten für Anfechtung der Urtheile, nicht aber für Vergleiche.

Der unechte Vergleich über nicht **Streitiges**, sondern nur Un=
gewisses, wird im Landrecht nicht vom echten abgetrennt. Bei ihm
müßte principiell der Irrthum im Motiv stets erheblich sein, denn
sein Zweck ist nicht, einen Streit zu beendigen, sondern eine Unge=
wißheit zu beseitigen, eine Auseinandersetzung zu veranlassen. Der

Zweck, einen Streit über diese Ungewißheit zu vermeiden, liegt fern, da noch Niemand an einen Streit gedacht hat. Fehlt es daher an der Richtigkeit der thatsächlichen Grundlagen dieses Vergleichs, so ist der später erkannte Irrthum erheblich, denn die zu beseitigende Unsicherheit lag nicht vor, und den später entstehenden Streit darüber zu vermeiden war nicht bezweckt, so daß die Correctur des Irrthums in den Grundlagen und Voraussetzungen und der damit verbundene Rechtsstreit den Absichten der Parteien hier nicht entgegensteht, wie beim echten Vergleiche über streitige Ansprüche dies der Fall ist.

Dieser Auffassung fast unbewußt sich anpassend bestimmt das Landrecht: ist über eine streitige Berechnung ein Vergleich geschlossen worden, so kann derselbe wegen angeblicher in der Rechnung entdeckter Irrthümer oder Unrichtigkeiten nicht angefochten werden; § 429 loc. cit.

Wegen Rechnungsfehlern kann der, zu dessen Nachtheil sie gereichen, noch innerhalb zehn Jahren nach geschlossenem Vergleiche auf Berichtigung und Vergütigung antragen. Wegen offenbarer, bloß in einem irrigen Zusammen- oder Abziehen bestehender Rechnungsfehler findet der Anspruch auch nach zehn Jahren statt gegen den, welcher den Vergleich geschlossen hat, nicht aber gegen seine Erben. Offenbar handelt es sich hier um den Fall, wo die Berechnung selbst caput controversum war. Der Fall freiwilliger Auseinandersetzung, ohne daß Streit vorliegt oder befürchtet wird, ist leider nicht vorgesehen, und so müssen obige Normen auch hier angewendet werden, obwohl hier Irrthum stets erheblich sein müßte. Nur, wenn die Rechnung zum caput non controversum gehört, also als unzweifelhaft zu Grund gelegt worden ist, und es finden sich später Irrthümer, so kann der, welchem diese Irrthümer zum Nachtheil gereichen, noch innerhalb der Verjährungsfrist den Fehler rügen und Ersatz fordern; § 433 loc. cit. Dieser Satz gründet sich auf Willensinterpretation: hierüber ist kein Vergleich gewollt. Sache der Auslegung ist auch die Norm der §§ 435, 436, 437, 438 loc. cit., so daß hierzu nichts Weiteres zu bemerken ist.

Unter dem Vorwande, als ob ein oder der andere Theil dadurch über oder unter der Hälfte verletzt worden, kann ein Vergleich nicht angefochten werden; § 439 loc. cit.

§ 11.
Der Einfluß des Zwanges und des Betrugs auf den Vergleich.

Die Anfechtung des Vergleichs wegen Zwanges und wegen Betrugs richtet sich nach den allgemeinen Normen; das Landrecht kennt hier

keine Schärfung, es behandelt den Vergleich einfach als einen one=
rosen Vertrag; cf. § 419 und § 430 loc. cit. Principiell muß die
Anfechtung wegen Betrugs beim echten wie beim unechten Vergleich
gelten; wenn der Acceptant und der Aussteller eines Wechsels dar=
über, ob die Wechselsumme gefälscht worden oder nicht, streiten und
in Folge dessen einen Vergleich schließen, so kann letzterer wegen Be=
trugs angefochten werden, wenn der eine Kontrahent aus zuverlässiger
Quelle davon, daß ein Dritter die Wechselsumme gefälscht habe, Wissen=
schaft hatte, dieselbe aber beim Vergleichsabschlusse ausdrücklich ab=
leugnete; cf. das Reichsgerichtserkenntniß bei von Rönne, loc. cit.,
zu § 419.

Es kann aber auch in einer geflissentlichen Verheimlichung eine
Arglist liegen, welche dann ebenso wirkt wie eine positiv falsche Mit=
theilung; cf. das Reichsgerichtserkenntniß bei Bolze, Band 2, Nr. 845,
S. 204. Ein Beispiel für den unechten Vergleich über Ungewisses,
aber nicht Streitiges ist der Auseinandersetzungsrezeß. Auch nach
Bestätigung desselben kann eine gutsherrlich=bäuerliche Regulirung
wegen eines dabei obgewalteten Betrugs angefochten werden; cf. das
Erkenntniß des Obertribunals bei von Rönne loc. cit. zu § 419.
Das Landrecht trifft also hier, obwohl es den echten und den un=
echten Vergleich nicht scheidet, doch das Rechte, denn auch beim Ver=
gleich über Streitiges darf der Prozeß wegen eines Betrugs nicht als
ausgeschlossen gelten, denn diesen Streit dürften die Parteien nicht
von vornherein ausschließen, weil dies ein unsittlicher Vertrag ge=
wesen wäre.

C. Der Vergleich de lege ferenda.

§ 1.

Einleitung.

Da die Einführung des neuen deutschen Gesetzbuchs in nicht zu großer Ferne steht, ist es nothwendig, an diese Abhandlung einige de lege ferenda zu erörternde Fragen zu schließen.

Ueber die Wichtigkeit unseres Instituts ist kein Wort zu verlieren; so läßt sich auch nur im einzelnen Falle sagen, ob es wünschenswerth ist, daß ein Streit durch einen Vergleich beendet werde, oder ob nicht. So viel ist gewiß, daß der Vergleich nicht, wie das Urtheil, etwas zur Bildung des objectiven Rechts beiträgt, denn sein Resultat muß ja gerade von dem behaupteten Recht abweichen. Dieses behauptete Recht selbst ist aber auch nicht objectiv festgestellt, denn seine Feststellung soll ja gerade vermieden werden. So würde denn, wenn der Kampf ums Recht schwiege und nur Vergleiche geschlossen würden, das objective Recht verkümmern. Dies ist aber nicht zu befürchten, so lange der Rechtsweg für die Parteien nach Möglichkeit gebahnt wird.

Im einzelnen Falle wird dann auf einen Vergleich, und zwar auf einen gerichtlichen, hinzuwirken sein, wenn es sich nicht um Rechtsverfolgung, sondern um andere Motive handelt, mit dem das Erkenntniß nichts zu thun hat. Ferner in denjenigen Prozessen, wo sich der Rechtsstreit zuletzt auf eine Auseinandersetzung vor Gericht zuspitzt.

Ueberhaupt ist bei jedem Vergleiche danach vor Allem zu fragen, ob er seinen alleinigen Zweck erfüllt, ob er den Streit beendet. Sind die Voraussetzungen ungewiß, und ist es nicht sicher, daß die Parteien aus irgendwelchen Gründen keinen Streit wollen, so wird die Entscheidung durch das Urtheil das Gerathenere sein, denn dieses stellt den Thatbestand fest, der ja im Vergleiche in diesem Umfange fast nie zum Ausbruche gelangt.

Ueber die Zweckmäßigkeit oder Unzweckmäßigkeit des unechten Vergleichs, der Auseinandersetzung, läßt sich überhaupt nicht streiten. Sie ist stets da zweckmäßig, wo sie gewollt wird.

Anhang.

Es ist hier der Ort, die Frage nach der Bedeutung des Vergleichs im Rechtsleben einmal auch von dem höheren Gesichtspunkte der allgemeinen Rechtspolitik aus zu prüfen, und soll das an der Hand des verdienstvollen Buches: „Der Kampf ums Recht" von Rudolf von Jhering, geschehen.[36])

Die einzelnen Rechte werden nur im Kampfe, aber auch die Rechtsnormen sind nur im Kampfe geworden und werden auf diese Weise noch heute neu. Von Jhering sagt: „Alles Recht in der Welt ist erstritten worden, jeder wichtige Rechtssatz hat erst denen, die sich ihm widersetzten, abgerungen werden müssen, und jedes Recht, sowohl das Recht eines Volkes wie das eines Einzelnen, setzt die stetige Bereitschaft zu seiner Behauptung voraus. Das Recht ist nicht bloßer Gedanke, sondern lebendige Kraft" (loc. cit. Seite 1 der achten Aufl.). In der That, nur der Kampf oder, wenn man an dem Worte Anstoß nimmt, das Wirken und das Behaupten schafft die Normen und erhält sie; der Ursprung der sich im Kampfe behauptenden Kraft ist nicht die Prozeßlust und nicht die Zanksucht, sondern der Rechtstrieb, der sittliche Geselligkeitstrieb des Menschen, wie ich ihn im fünften Paragraphen meines Buches „Recht und Rechtsquellen" geschildert habe. Die dort entwickelte neue Theorie des Rechts steht in Uebereinstimmung mit allen modernen Forschungen, und halte ich sie voll aufrecht; nicht der Einzelne ist der Mensch; er wird, allein auf der Welt stehend, Thier bleiben und nie Mensch werden;

---

[36]) Ich habe seit meiner, unter von Jhering eingereichten und 1876 erschienenen Promotionsschrift „der Kampf des Gesetzes mit der Rechtsgewohnheit" in meinen allgemeinrechtlichen Abhandlungen stets versucht, den gewaltigen, neuen Gedanken von Jherings gerecht zu werden; noch niemals habe ich bei einem Schriftsteller eine irgendwie haltbare Widerlegung seiner grundlegenden modernen Lehre gefunden, die uns mit einem Male über die falsche Romantik der historischen Schule hinausgebracht hat. Daß in einer, auf rechtsphilosophischem Gebiete wenig fruchtbaren Zeit die neue Ansicht Feinde und noch mehr Verkenner ihres Kerns finden mußte, hat mich nie Wunder genommen. Eines der größten Mißverständnisse war das, daß von Jhering der Streitsucht das Wort rede, — das wird seine Stellung zum Vergleiche zeigen.

erft bie Mehrheit, bie Vorwelt mit ihrem errungenen Schaße unb bie Mitwelt mit ihrer Behauptung unb Vermehrung beffelben schafft ben Menschen! Daß bies aber geschehen kann, wirb allein ermöglicht burch bas Recht. Auch von Jhering sagt: „ohne bas Recht finkt ber Mensch auf bie Stufe bes Thieres herab" (loc. cit. Seite 20). Ein Mensch ohne Recht stünbe niebriger als jeber Affe. — Man mag mir bas, was ich ben herrschenben philosophischen Systemen, welche bas Jch vergöttern, zum Troß auf= recht erhalte, bestreiten — ich erwarte aber eine Wiberlegung. — Sie fehlt bis jeßt! — — So ist allerbings ber Kampf ums Recht unb bamit bie Entscheibung burch bas Urtheil eine Pflicht bes Berech= tigten gegen sich selbst unb eine Pflicht beffelben gegen bie Gesellschaft, wie von Jhering richtig ausführt.

Daneben aber bleibt bem Vergleiche sein voller Raum. „Nicht jebes Unrecht ist Willkür, b. h. eine Auflehnung gegen bie Jbee bes Rechts." Von Jhering stellt neben ben Dieb ben Besißer meiner Sache, ber sich für ben Eigenthümer hält; ber Dieb negirt in meinem Eigen= thum zugleich bie Jbee beffelben unb bamit eine wesentliche Lebens= bebingung meiner Person. Der gutgläubige Besißer meiner Sache negirt in meiner Person nicht bie Jbee bes Eigenthums, er ruft sie vielmehr für sich selber an; „ber Streit zwischen uns Beiben breht sich blos barum, wer ber Eigenthümer ist" (loc. cit. Seite 21). Hier steht für ben Eigenthümer „nichts weiter auf bem Spiel als ber Werth ber Sache, unb ba ist es vollkommen gerechtfertigt, baß er Gewinn unb Einsaß unb bie Möglichkeit eines boppelten Ausganges gegen ein= anber abwägt unb barnach seinen Entschluß faßt: ben Prozeß erhebt, von ihm absteht, sich vergleicht. Der Vergleich ist ber Coinci= benzpunkt einer berartigen, von beiben Seiten angestellten Wahrscheinlichkeitsberechnung, unb unter Voraussetzungen, wie hier, nicht blos ein zulässiges, sonbern bas richtigste Lösungsmittel bes Streites" (loc. cit. S. 22, 23).

Das ist gewiß wahr! Es ist Richtern unb Anwälten bekannt, baß in ben Fällen, wo sich ber Gegner gegen bie Jbee bes Rechts auflehnt, ein Vergleich selten zu Stanbe kommen wirb, zur Ehre ber Nation. Hier gilt ber Thaler so viel wie bie Million; ber Berech= tigte vertheibigt bas Recht. „Nicht bas Unrecht soll man anklagen, wenn es bas Recht von seinem Siße verbrängt, sonbern bas Recht, welches sich bas gefallen läßt" (loc. cit. Seite 51).

Warum kommt aber auch in ben Fällen, wo bie Jbee bes Rechts nicht bestritten wirb, immerhin selten ein Vergleich im praktischen Leben zu Stanbe, nachbem einmal ein Streit entstanben ist?

Jhering meint, weil eine Partei bei der anderen bewußtes Un= recht, böse Absicht voraussetzt. „Gelingt es, diese Voraussetzung zu widerlegen, so ist der eigentliche Nerv des Widerstandes durchschnitten, und die Partei der Betrachtung der Sache unter dem Gesichtspunkt des Interesses und damit dem Vergleich zugänglich gemacht" (loc. cit. Seite 24). Meiner Meinung nach kommt aber daneben in Frage, ob im vorliegenden Falle der Zweck des Vergleichs erreicht, ob der Streit beendet wird. Einmal kann der Fall so geartet sein, daß nur die richterliche Erörterung die thatsächlichen Grundlagen auf= hellt; dem Vergleiche fehlt der „Thatbestand", ihm fehlen die Be= weismittel, der Eideszwang gegen die Zeugen, die Eideszu= schiebung über innere Vorgänge. Dann aber kann auch der Fall so liegen, daß die Autorität des Urtheils darum erwünscht erscheint, weil nach der Sachlage und nach dem Charakter des Gegners doch der Streit später irgendwie von neuem entstehen würde, also der Zweck des Vergleichs nicht erreicht wird.

Alle diese Erwägungen fallen beim unechten Vergleiche fort. Hier liegt keine Pflicht vor, ein Recht zu behaupten, denn es ist keins streitig. Hier spitzt sich keine Rechtsfrage zu und ist darum kein ju= ristischer Thatbestand nöthig, sondern hier handelt es sich um eine rein äußerliche Auseinandersetzung über das Dein und Mein, deren Grund= lagen sich die Parteien selbst zu geben haben, und die sie sich ohne den Zeugenbeweis 2c selbst geben können, da ja eben nichts streitig ist, sondern nur Ungewißheit herrscht.

§ 2.

Die Trennung des unechten und des echten Vergleichs.

Es erscheint mir höchst wünschenswerth, den echten Vergleich im Gesetz von dem unechten ganz zu trennen. Der echte Vergleich wäre dann dahin zu definiren, daß er ein oneroser Vertrag ist, durch welchen die Parteien die bisher unter ihnen streitig gewesenen Rechte dergestalt bestimmen, daß wechselseitig etwas gegeben oder nachgelassen wird. Hierhin gehört natürlich auch der Fall, wo im Hinblick auf einen Streit (timor litis) sich die Parteien vergleichen. Der un= echte Vergleich hat einen ganz anderen Zweck, als den Streit zu be= seitigen, er will nur eine Ungewißheit heben; wenn man einen Ver= trag, bei dem eine Ungewißheit dadurch gehoben werden soll, daß wechselseitig etwas gegeben oder nachgelassen wird, einen Vergleich nennt, so geschieht das mißbräuchlich; der Vergleich hat auch sprachlich nur den Zweck, einen Streit zu beseitigen.

Den Zweck der Streitbeendigung oder der Streitvermeidung legt am offensten dar der Vergleich vor dem Prozeßgericht und der Vergleich im Sühneverfahren vor einem Amtsgerichte. Wird der Vergleich vor dem Prozeßgericht geschlossen, so empfiehlt es sich, ausdrücklich zu bestimmen, daß hierdurch der Streit beendet wird; jeder neue Streit über den Vergleich gehört dem Vergleichszwecke gemäß nur in einen neuen Prozeß. Ist der Vergleich vor einem anderen Gerichte geschlossen, so muß er dem Prozeßgerichte in seinem Abschlusse nachgewiesen werden; wird das Protocoll nachgewiesen, so muß damit der alte Streit zu Ende sein. Der außergerichtliche Vergleich muß dem Gerichte in seinem Abschlusse wie in seinem sonstigen rechtmäßigen Bestande nachgewiesen werden, wenn er den Streit beenden soll. Vielleicht könnte man vorschlagen, die Einrede des Vergleichs, auf jeden Fall die des gerichtlichen Vergleichs, zu einer prozeßhindernden zu machen, denn der Vergleich soll principiell den Streit ausschließen, gleich als ob der Rechtsweg nun unzulässig wäre.

§ 3.
Die Fähigkeit, Vergleiche abzuschließen.

Da der Prozeßvertreter Vollmacht hat, den Streit durch den Prozeß zu beenden, würde ich für das Recht, Vergleiche abzuschließen, eine specielle Vollmacht fordern. In der Praxis wird ja auch von der Befugniß, ohne Befragen der Partei sich zu vergleichen, wohl nur in sehr seltenen Fällen Gebrauch gemacht.

§ 4.
Der Gegenstand des Vergleichs.

Die Frage, ob ein durch rechtskräftiges Urtheil bestimmtes Recht durch Vergleich weiter bestimmt werden darf, würde ich durch positive Satzung verneinen. Der Zweck des Vergleichs ist, einen Streit zu beenden; ist dieser durch Urtheil beendet, so hat ein Vergleich keinen Sinn. Kennen die Parteien das Urtheil, so verbietet die Achtung vor demselben, eine zweite Entscheidung daneben zuzulassen; es ist auch widersinnig, auf zwei ganz verschiedene Arten einen Streit beenden zu wollen. Kennen die Parteien das Urtheil nicht oder haben sie es vergessen, so wäre nach den später von mir in Vorschlag gebrachten Sätzen vom Irrthum hier ein Vergleich möglich. Aber aus Achtung vor dem öffentlichen Recht und aus dem Grunde, weil früher eine andere Beendigung des Streits gewollt war, die oft nur aus grober Fahrlässigkeit vergessen sein kann oder die, wenn sie den

Parteien bekannt gewesen, sie ganz sicher vom Vergleiche abgebracht und diesen begrifflich für sie sofort unmöglich gemacht hätte, würde ich rathen, durch positive Norm hier von der Lehre vom Irrthum ab=zuweichen und den Vergleich hier zu verbieten.

Ueber Erbschaften aus letztwilligen Verordnungen vor deren Publication Vergleiche zu schließen, verbietet meines Erachtens auch heute noch die Achtung vor dem letzten Willen und die gute Sitte. Der Wille des Erblassers will nach dem Tode Anordnungen treffen; er äußert sich erst mit der Publication des Testaments. Wenn vor dieser Parteien sich über ihn vergleichen wollen, so wäre das ebenso widersinnig, als wenn Jemand über die Anordnung eines Lebenden paktiren wollte, die noch nicht getroffen ist, und die er nicht kennt. Ein gewagtes Geschäft hier zuzulassen, widerspricht aber nicht nur dem Römischen, sondern zunächst auch dem Deutschen Rechtsgefühl.

§ 5.
Der Einfluß des Irrthums.

Nicht nur die Ungewißheit über die Berechtigung, welche den Vergleich herbeigeführt hat, kann niemals ein Anfechtungsgrund desselben sein, auch der Irrthum in den Voraussetzungen kann dem Vergleiche nicht schaden. Es liegt kein Grund vor, hier den Irr=thum in den Motiven zu einem wesentlichen zu machen. Wer einen Vergleich schließt, will den Streit beenden und will nicht, daß nun wieder über alle möglichen irrthümlichen Voraussetzungen der Streit von Neuem beginnen könne. Dasjenige, was der Richter bei seinem Urtheil in den Thatbestand aufnimmt, kommt beim Vergleiche meist gar nicht zum Ausdruck, aber die Parteien drücken durch ihn aus, daß sie den Streit auf jeden Fall beenden wollen. Wünschten sie die Erwägung aller Voraussetzungen, so müßten sie es eben zum Urtheil kommen lassen! Daß bei dieser Auffassung nicht etwa Vergleiche gelten, welche die Parteien nicht wollen, dagegen schützt die Vorschrift, daß nur der Vergleich giltig ist, der gewollt ist.

Beim unechten Vergleich ist der Irrthum in den Motiven stets wesentlich. Denn die Parteien wollen sich ja auf Grund ganz be=stimmter Voraussetzungen auseinandersetzen, und werden diese auch meist genau nennen, da hier nichts schon durch den Streit hervor=gehoben ist. Der über den Irrthum in den Voraussetzungen später entstehende Streit widerspricht hier nicht dem Willen der Parteien, weil diese an einen Streit gar nicht dachten und keinen vermeiden wollten.

§ 6.

Andere Anfechtungsgründe des Vergleichs.

Wenn aus neu aufgefundenen Urkunden der gänzliche Mangel alles Rechts auf Seiten des Gegentheils klar nachgewiesen werden kann und es an jeder causa fehlt, so empfiehlt es sich auch de lege ferenda durch positive Norm die Anfechtung des Vergleichs zuzulassen. Die Restitutionsklage und die §§ 541, 543 der C. P. O. mit ihren Normen würde ich hier nicht analog anwenden, ebenso wenig die Frist des § 549 loc. cit. hier gelten lassen. Der Vergleich ist kein Urtheil, sondern ein Vertrag! Die Anfechtung ist zuzulassen, weil dieser Vertrag sicher nicht geschlossen worden wäre, wenn die Urkunde bekannt war, denn der Vertrag sollte den Streit vermeiden, zu diesem wäre es aber nicht gekommen, wenn die Urkunde damals das Recht klar gelegt hätte. Die Sache liegt hier ganz anders, als bei dem Irrthum in den sonstigen Voraussetzungen des Streits, denn eine klare Urkunde wirkt streitbeendend, wie das Urtheil. Eben darum würde ich aber eine Anfechtung des Vergleichs auch dann zulassen, wenn eine Urkunde, die ihm zu Grunde lag, fälschlich angefertigt oder verfälscht war.

Beim unechten Vergleich bedarf es der Norm nicht, denn bei ihm ist dieser Irrthum stets erheblich.

Rechnungsfehler müssen stets und zu jeder Zeit unschädlich sein und dürfen immer berichtigt werden. Höchstens könnten sie in 30 Jahren verjähren.

Von der Anfechtung wegen Verletzung über die Hälfte darf beim echten Vergleich keine Rede sein, weil Irrthum in den Motiven hier nicht aufhebt. Dagegen kann sie beim unechten Vergleiche als Anfechtungsgrund zugelassen werden.

D. Der Vergleich nach dem Entwurfe eines bürgerlichen Gesetzbuches für das Deutsche Reich.

§ 1.

Einleitung.

Die Resultate meiner Forschung für den Vergleich de lege ferenda waren schon gezogen, als der Entwurf des bürgerlichen Gesetzbuches für das Deutsche Reich erschien. Ich bin dadurch in der Lage gewesen, meinen Standpunkt zunächst ohne Beeinflussung zu finden, dann aber ihn an dem größten gesetzgeberischen Werke unserer Nation streng zu prüfen. Wenn ich nun bei dieser Prüfung der meisterhaft redigirten Motive gefunden habe, daß ich meine Vorschläge aufrecht erhalten muß, so zwingt mich dieses Endresultat, mich mit den Motiven selbst am Schluß meiner Abhandlung auseinanderzusetzen. Ich durfte dabei constatiren, daß es die Lehre vom Irrthum ist, die uns trennt, wie sie auch von den Motiven als der schwierigste Punkt dieser nur zu wenig behandelten Materie anerkannt wird. Für mich spielt der Irrthum bei einem Vergleiche über Streitiges eine andere Rolle als der Irrthum bei einer Auseinandersetzung, für die Motive nicht. Und darum komme ich zu anderen Normen als der deutsche Gesetzgeber. Um diese Abweichung klar für die Praxis und die Kritik gegenüberzustellen, werde ich später die von mir vorgeschlagenen Sätze in die Form des Gesetzes zu fassen suchen, wie ich dasselbe gefaßt zu sehen wünsche, und wie ich es bei der großen Bedeutung des Vergleichs in unserem prozessualen Leben mit Energie nach wie vor vertrete. Selbstverständlich liegt es hier in meiner Aufgabe, soweit es von meinem Standpunkt aus möglich ist, meine Ansicht an die in den Motiven ausgesprochene Anschauung anzuschließen.

§ 2.
Die Stellung im System.

Mit Recht heben die Motive hervor, daß jedem Vergleiche ein obligatorischer Charakter beiwohnt, „wenn dies auch in denjenigen nicht seltenen Fällen weniger hervortritt, in welchen der formfreie dingliche Vertrag (z. B. Cession, Erlaß) in dem Vertrage zugleich enthalten ist; der dingliche Vertrag tritt solchenfalls nur als sofortige Erfüllung des Vergleichs diesem hinzu" (Bd. 2 Seite 650). Darum ist es auch nach meiner Auffassung nur zu billigen, wenn, wie es in den Motiven geschehen ist, die Normen des Vergleichs zusammen= gefaßt und dem speciellen Theile des Obligationenrechtes in einem besonderen Abschnitte überwiesen werden, vorbehaltlich der erforderlichen besonderen Bestimmungen in den betreffenden speciellen Theilen des Gesetzbuchs.

§ 3.
Der Begriff des Vergleichs.

Zuzugeben ist sicher den Motiven, daß im Gesetzbuche eine Be= griffsbestimmung gegeben werden muß, denn selten herrscht in der deutschen Sprache eine solche „Unbestimmtheit des Begriffs" wie hier, so daß wir ohne die gesetzliche Definition oft in Zweifel sein würden, ob die Normen des Gesetzbuchs über den Vergleich Anwendung finden. Mit der Definition sind freilich, wie die Motive zugeben, die „un= vermeidlichen Unvollkommenheiten" derselben gesetzt (cf. Seite 651 loc. cit.); es gilt hier so recht die alte Wahrheit: omnis definitio in jure civili periculosa est; parum est enim, ut non subverti possit. Allein mit Recht vertrauen die Motive auf die Wissenschaft und die Praxis zur Beseitigung dieser Bedenken. Dagegen können diese beiden Mächte nicht über den Fehler der Definition hinweghelfen, den sie m. E. enthält, und der sich gerade in der Praxis schwer fühlbar machen wird.

Die Definition des Gesetzes lautet im § 666: „Als Vergleich gilt der gegenseitige Vertrag, durch welchen ein unter den Vertragschließenden streitiges oder ungewisses Rechtsverhältniß außer Streit oder Ungewiß= heit gesetzt wird." Ich stimme den Motiven zunächst darin bei, daß in den Worten „gegenseitiger Vertrag" genügend klargestellt ist, daß ein gegenseitiges Nachgeben zum Vergleiche erforderlich ist; nur dann, wenn ein gegenseitiger materieller Vertrag gewollt ist, kann von einem wahren Vergleiche die Rede sein, mag auch die Unart der alltäglichen Sprache andere Verträge daneben als Vergleiche be=

zeichnen. Uebrigens wehrt sich jetzt auch die Sprache des Lebens da=
gegen, da von einem Vergleiche zu reden, wo kein gegenseitiges Nach=
geben stattfindet; wie oft wird in einem Streite, wo eine Partei den=
selben dadurch beenden will, daß nur der Gegner etwas nachgiebt,
das Anerbieten mit der einfachen Begründung abgewiesen, daß bei
einem einseitigen Nachgeben von keinem Vergleiche die Rede sein
könne!

Nach dem Entwurfe und seinem Principe ist der Vergleich mit
Recht formfrei. Es bedurfte nicht des Hinweises in den Motiven,
daß die Formvorschrift des § 683 hier keine Anwendung finde, denn
es liegt ja hier weder ein von dem Gläubiger angenommenes Ver=
sprechen einer Leistung, noch ein von dem Gläubiger angenommenes An=
erkenntniß, zu einer Leistung verpflichtet zu sein, vor, sondern ein
gegenseitiger, materieller Vertrag.

Beizubehalten ist auch das wesentliche Element der Definition,
daß durch den Vergleich ein Rechtsverhältniß außer Streit gesetzt
wird. Diese Außerstreitsetzung kann dadurch geschehen, daß unter der
Voraussetzung der Gegenseitigkeit an Stelle des streitigen Rechtsver=
hältnisses ein ganz anderes gesetzt wird; es kann dieselbe auch da=
durch geschehen, daß an die Stelle des streitigen Rechtsverhältnisses
ein anderes ungewisses gesetzt wird, indem z. B. bei einem streitigen
Schuldverhältnisse der Schuldner eine andere Verbindlichkeit unter
aufschiebender Bedingung übernimmt. Es bleibt eben die Außer=
streitsetzung durch den Vertrag die Hauptsache, und gleichgiltige
Nebensache ist es, wenn dabei auf einer Seite oder beiderseits erst
noch durch den dinglichen Vertrag zu erfüllende Verbindlichkeiten über=
nommen werden; den Vergleich selbst berührt nur die Wirkung für
die Gegenwart, die durch ihn gegebene Gewißheit, loc. cit.
Seite 652.

An dieser Stelle tritt nun bereits der große Unterschied hervor,
welcher zwischen einem Vergleiche über ein streitiges und einem Ver=
gleiche über ein ungewisses Rechtsverhältniß herrscht. Soll ein Rechts=
verhältniß aus der Ungewißheit gesetzt werden, so kann es aus dieser
bestimmten Ungewißheit in eine andere Ungewißheit gesetzt werden,
indem z. B. eine andere Verbindlichkeit unter aufschiebender Be=
dingung an die Stelle tritt. Es kommt hier nur auf die vertrags=
mäßige Lösung der Ungewißheit, nicht aber auf die Beendigung
der Ungewißheit überhaupt an. Soll aber ein Rechtsverhältniß außer
Streit gesetzt werden, so kann an dessen Stelle nicht ein anderes
streitiges Rechtsverhältniß gesetzt werden, denn die Parteien wollen
ja den Streit beenden. Ein ungewisses Rechtsverhältniß kann an

die Stelle des streitigen gesetzt werden, ein streitiges aber nie, weil das dem Willen der Partei nicht entsprechen würde.

Die Beendigung eines Streites ist etwas ganz Anderes, als die Beendigung einer Ungewißheit. Wenn man einen Streit beenden will, so will man denselben Zweck erreichen, den ein rechtskräftiges Urtheil erreicht; in richtiger Erkenntniß dieser jetzt volksthümlichen Auffassung ist der gerichtliche Vergleich vollstreckbar. Man will also, daß der Streit beendet sein und nimmer wieder beginnen soll. Wenn man dagegen eine Ungewißheit heben will, so will man sie nicht wie durch ein Urtheil beenden, sondern lösen. Diese Lösung aber beruht auf Voraussetzungen, von deren Richtigkeit die Ungewißheit selbst abhängt, und bei deren Nichtvorhandensein sie und mit ihr die Lösung fällt. Dagegen hängt der Streit von der Richtigkeit dieser Voraussetzungen nicht ab und fällt auch nicht sicher mit ihnen fort, denn der Gegner bestreitet eben die Voraussetzungen; anderen= falls würde er sich ja bei einer bloßen Ungewißheit über dieselbe haben vergleichen können. Beide Parteien verfolgen das objective Recht, das selbst bei gleichen Voraussetzungen eine verschiedene juristische Beurtheilung zuläßt. Beide Parteien wollen die Beendung des Rechtsstreits, sie wollen ein Anderes und ein Mehr als die Beseitigung einer Ungewißheit!

Meine Abhandlung mit ihren historischen und praktischen Er= wägungen soll laut gegen die m. E. durch nichts unterstützte Be= hauptung der Motive protestiren, daß es durch kein Bedürfniß geboten sei, den Vergleich über ein streitiges und den Vergleich über ein ungewisses Rechtsverhältniß unter verschiedene Normen zu stellen (S. 651). Wenn dort gesagt ist, daß gerade die Unbestimmtheit des sprachlichen Begriffs dazu geführt habe, beide Vergleichsarten in die Definition einzuschließen, so entgegne ich, daß die Jurisprudenz sie gerade scheiden mußte. Und um die letzte Ungewißheit darüber zu beseitigen, was ein streitiges Rechtsverhältniß ist, schlage ich vor, nur den Vergleich über einen entstandenen Rechtsstreit als echten Vergleich zu normiren, timor litis aber unberücksichtigt zu lassen. So würde sich dann die eine echte Vergleichsart streng von jedem Vergleiche über nur zweifelhafte oder ungewisse Rechtsverhältnisse scheiden, und es wäre gerechtfertigt, in den letzteren Fällen nicht von einem Ver= gleiche, sondern von einer Auseinandersetzung zu reden. Während die Motive zu dem seltsamen Resultate kommen, gleichberechtigt mit dem durchaus scharf abgegrenzten Vergleiche über Streitiges den weiten Begriff des Vergleiches über Ungewisses zu setzen, — sie erkennen die Dehnbarkeit dieses Begriffes ganz unumwunden an, eignet sich nach unserer Definition die erwähnte Weite und Dehnbarkeit nur für den vielumfassenden Begriff der Auseinandersetzung. Verbunden aber werden beide unter demselben Abschnitt durch die Gemeinschaft der übrigen Requisite: hier wie dort ist ein gegenseitiger materieller Vertrag nöthig, der in gegenseitigem Nachgeben bestehen muß. Während aber beim echten Vergleiche an dem rechtlich für sicher gehaltenen Ergebniß etwas nachgegeben wird, um auf alle Fälle den Streit zu beenden, wird bei der Auseinandersetzung an der auf Grund von Voraussetzungen angenommenen Gewißheit etwas nachgelassen, um die zunächst nur thatsächlich herrschende Ungewißheit zu lösen, nicht aber, um sie außer Streit zu setzen, oder jede Ungewißheit zu beseitigen. Es erhellt schon hier, daß diese tiefgreifende Verschiedenheit zu einer verschiedenen Rechtsfolge des Irrthums bei beiden Instituten führen muß. Nachdem im Prozeßrecht die fundamentalen Unterschiede des Vergleichs über Streitiges jetzt genügend anerkannt sind, ist nun im materiellen Rechte der begonnene Bau m. E. damit zu Ende zu führen, daß man diesen Vergleich von allen anderen abtrennt und ihn nur seinem streitbeendenden Wesen nach ordnet, denn dieses, nicht die Hebung einer Ungewißheit, ist sein innerster Kern.

§ 4.
Der Einfluß des Irrthums.

Der Entwurf bestimmt in § 667: „Die Gültigkeit eines Vergleichs wird dadurch nicht beeinträchtigt, daß ein Vertragsschließender in Ansehung eines Umstandes geirrt hat, welcher Gegenstand des Streites oder der Ungewißheit war.

Ist jedoch bei der Schließung des Vertrags von den Vertragsschließenden ausdrücklich oder stillschweigend das Nichtvorhandensein eines Umstandes vorausgesetzt, welcher den Streit oder die Ungewißheit ausgeschlossen haben würde, so kann der Vertragsschließende, welcher von einem solchen Umstande erst nach Schließung des Vergleichs Kenntniß erlangt hat, verlangen, daß der Vergleich rückgängig gemacht werde. Auf diesen Anspruch finden die Vorschriften des § 744 entsprechende Anwendung.“

Demnach schadet der Irrthum in Ansehung eines Umstandes, welcher Gegenstand des Streites oder der Ungewißheit war, nie. Dagegen ist der Irrthum erheblich, wenn er eine Voraussetzung eines Umstandes betrifft, welcher den Streit oder die Ungewißheit ausgeschlossen haben würde. Die Motive betonen, daß in Ermangelung der besonderen Norm jeder Irrthum hier unbeachtlich sein würde.

Das „Bedürfniß" erheische jedoch, für den Vergleich das Gegentheil zu bestimmen; hierzu nöthige die besondere Natur des Vergleiches und die auf das geltende Recht zu nehmende Rücksicht. Freilich müsse der fragliche Umstand ein solcher sein, welcher, auch wenn der Vergleich nicht geschlossen wäre, den Streit oder die Ungewißheit ausgeschlossen haben würde. Die irrige Voraussetzung sei nur dann erheblich, wenn beide Theile ausdrücklich oder stillschweigend das Nichtvorhandensein des kritischen Umstandes vorausgesetzt haben. Aus praktischen Gründen sei die ausdrückliche oder stillschweigende Erklärung der Voraussetzung nicht nöthig.

Der Entwurf gebe der Partei dann das Recht, zu verlangen, daß der Vertrag rückgängig gemacht werde und erkläre die Vorschriften der condictio ob rem für anwendbar.

Meine Abhandlung hat aber nachzuweisen gesucht, daß das „geltende Recht" mit dieser Behandlung des Irrthums beim Vergleiche nicht in Uebereinstimmung steht. Daß kein „praktisches Bedürfniß" für diese Regelung vorliegt, ist früher und zuletzt in § 5 des vorigen Abschnitts hervorgehoben worden. Vergleich über einen streitigen Gegenstand und Vergleich über Ungewisses sind hier zu trennen und verschieden zu behandeln. Aber darin glaube ich mich den Motiven anschließen zu können, daß ich die Abart des streitigen Vergleichs, den Vergleich aus Furcht vor einem Streite, fallen lasse, weil sie sich von der Ungewißheit oft zu wenig abhebt. Dagegen kann nicht stark genug betont werden, daß der überaus wichtige Vergleich über Streitiges zu einem besonderen Institute geschaffen werden muß, wenn er wirklich dazu dienen soll, Streite zu beenden.

Beim Vergleiche über Streitiges ist der Irrthum über den Gegenstand unerheblich, aber auch der Irrthum in der Voraussetzung. Denn die Parteien wollen nicht unter allerlei Voraussetzungen den Streit beenden, sondern wollen ihn schlechthin beenden; diese Voraus= setzungen lassen sich hier auch gar nicht wie bei anderen Rechtsgeschäften constatiren, denn dazu bedürfte es ja eines Thatbestandes, wie beim Urtheil; zu einem solchen ist es aber noch gar nicht gekommen; er ist vielleicht durchweg bestritten! Wo bleibt da eine für den Vergleich erhebliche Voraussetzung? Selbstverständlich ist aber die Voraussetzung erheblich, wenn sie gewollt ist, das ist aber hier nur dann erkennbar, wenn sie bei dem Vergleichsschluß erklärt ist. Dann ist der Vergleich offenbar nur unter der Bedingung der Wahrheit der Voraussetzung geschlossen und er fällt mit ihr.

Bei der Auseinandersetzung über Ungewisses ist der Irrthum über das Ungewisse als Gegenstand unerheblich. Dagegen ist jede

Voraussetzung und jeder Irrthum über diese erheblich, denn man will nur auf Grund von Voraussetzungen Ungewisses beseitigen, nicht aber jeden Streit darüber ausschließen.

Wie früher hervorgehoben, empfiehlt es sich, daneben zu bestimmen, daß wegen neu aufgefundener Urkunden oder falscher Urkunden auch der streitige Vergleich aufgehoben werden kann, denn eine Urkunde muß unter Umständen streitbeendend wirken, weil sie ja aufgesetzt worden ist, um den Streit zu verhüten.

§ 5.
Anderweite Normen der Vergleichslehre.

Die von mir geforderte besondere Vollmacht für den Prozeßvergleich erwähnen die Motive nicht. Ich halte sie für wünschenswerth.

Dagegen bin ich damit einverstanden, daß es keiner besonderen Auslegungsregeln hier bedarf.

Ebenso ist den Motiven nach meiner Construction darin beizustimmen, daß keine besonderen Sätze über Betrug und Zwang hier nöthig sind. Ueber die Entwährung genügen die allgemeinen Normen, ebenso genügen sie für die Lehre vom Pfand und von der Bürgschaft, zumal die Novation nicht acceptirt ist.

Die Motive meinen, der § 667 genüge auch für den Fall eines schon ergangenen Urtheils. Nach unserer Fassung genügt er nicht, sondern es ist aus den im vorigen Abschnitt genannten Gründen eine positive Norm einzufügen, welche jeden Vergleich für nichtig erklärt, wenn zu seiner Zeit schon ein rechtskräftiges Urtheil vorlag.

In Betreff des Vergleichs über Alimente mögen die in den Motiven S. 653 genannten Hinweise genügen. Dagegen habe ich schon hervorgehoben und begründet, daß der erbschaftliche Vergleich vor Eröffnung des letzten Willens des Erblassers zu untersagen ist. Der § 349, welcher den Vertrag, der über die Erbschaft eines Dritten vor dem Tode des Erblassers geschlossen wird, als nichtig bezeichnet, genügt m. E. nicht.

Die schwierige Lehre über die Vergleiche über Ansprüche aus Delicten haben die Motive mit Recht der Construction aus den allgemeinen Grundsätzen überlassen.

§ 6.
Die Fassung der Vergleichsnormen.

Nach meiner Auffassung müßten die Normen des Vergleichs wie folgt gefaßt werden:

Sechszehnter Titel.

Vergleich und Auseinanderfetzung.

§ 666.

Als Vergleich gilt der gegenseitige Vertrag, durch welchen ein unter den Vertragsschließenden streitiges Rechtsverhältniß außer Streit gesetzt wird.

§ 667.

Der Prozeßbevollmächtigte bedarf zur Schließung eines Vergleichs einer besonderen Vollmacht.

§ 668.

Der Vergleich über einen Streitgegenstand, welcher schon durch ein rechtskräftiges Urtheil entschieden ist, ist nichtig. Jede Partei kann verlangen, daß ein solcher Vergleich rückgängig gemacht wird. Auf diesen Anspruch finden die Vorschriften des § 744 entsprechende Anwendung. Nichtig ist auch der Vergleich über eine Erbschaft vor der Eröffnung des Testaments.

§ 669.

Die Gültigkeit eines Vergleichs wird dadurch nicht beeinträchtigt, daß ein Vertragsschließender in Ansehung eines Umstandes geirrt hat, welcher Gegenstand des Streites war.

Ist jedoch bei der Schließung des Vertrags von den Vertrags= schließenden ausdrücklich das Nichtvorhandensein eines Umstandes vorausgesetzt, welcher den Streit ausgeschlossen haben würde, so kann der Vertragsschließende, welcher von einem solchen Umstande erst nach Schließung des Vergleichs Kenntniß erlangt hat, verlangen, daß der Vergleich rückgängig gemacht werde. Auf diesen Anspruch finden die Vorschriften des § 744 entsprechende Anwendung.

§ 670.

Als Auseinanderfetzung gilt der gegenseitige Vertrag, durch welchen ein unter den Vertragsschließenden ungewisses Rechtsverhältniß aus der betreffenden Ungewißheit gesetzt wird.

§ 671.

Für die Gültigkeit einer Auseinanderfetzung findet der § 669 entsprechende Anwendung. Jedoch kann dieselbe auch dann rückgängig gemacht werden, wenn das Nichtvorhandensein eines Umstandes, welcher die Ungewißheit ausgeschlossen haben würde, nur stillschweigend vor= ausgesetzt war.

§ 672.

Wenn nach Schließung des Vergleichs oder der Auseinandersetzung eine Urkunde aufgefunden wird, welche den Streit oder die Ungewißheit ausgeschlossen haben würde, so kann derjenige, welcher von der Urkunde erst nach Schließung des Vergleichs oder der Auseinandersetzung Kenntniß erlangt hat, verlangen, daß der Vergleich und die Auseinandersetzung rückgängig gemacht werden. Auf diesen Anspruch finden die Vorschriften des § 744 entsprechende Anwendung.